LOUIS SONOLET

L'Afrique Occidentale Française

L'AFRIQUE
OCCIDENTALE
FRANÇAISE

ADJIKI, FILS DE TOFA, CHEF DE PORTO-NOVO (DAHOMEY). MALGRÉ SON MAGNIFIQUE UNIFORME ADJIKI NE PORTE PLUS LE TITRE DE ROI QUE LUI AVAIT LÉGUÉ SON PÈRE. — CLICHÉ FORTIER.

LOUIS SONOLET

L'AFRIQUE
OCCIDENTALE
FRANÇAISE

OUVRAGE ILLUSTRÉ
DE 49 GRAVURES TIRÉES HORS TEXTE
ET D'UNE CARTE EN NOIR

PARIS

LIBRAIRIE HACHETTE ET Cⁱᵉ

79, BOULEVARD SAINT-GERMAIN

1912

L'AFRIQUE OCCIDENTALE
FRANÇAISE

CHAPITRE PREMIER

L'ORGANISATION ADMINISTRATIVE

Formation de l'Afrique occidentale française. — Le Gouvernement général. — Les six colonies du groupe. — L'organisation de la colonie et du cercle. — Le personnel administratif. — Rôle et existence de l'administrateur. — Le personnel indigène. — Les territoires militaires. — L'impôt. — Assimilation et association.

L'AFRIQUE OCCIDENTALE FRANÇAISE! Combien de Français en connaissent l'étendue et les limites? Combien savent que notre pays possède là un immense empire de 4 600 000 kilomètres carrés, près d'un sixième de la superficie totale du continent africain, peuplé d'environ 12 millions d'habitants, qui fait sur la carte une large tache de même couleur marquetée çà et là, sur la côte, d'enclaves étrangères, allant du golfe du Bénin au cap Blanc et rejoignant au nord le Maroc, l'Algérie, la Tunisie. Grâce à sa richesse agricole et minière, à ses populations vigoureuses et dociles, à sa proximité de la mère patrie, ce bloc formidable est déjà en train de devenir la plus belle de nos colonies. Aucune puissance étrangère ne peut empêcher son expansion. Quand les trains circuleront entre Oran, Igli et Tombouctou, nous serons les maîtres de l'Afrique du Nord tout entière.

Cet empire s'est constitué peu à peu, par l'agglomération successive, continue, méthodique de nouveaux territoires obtenus par une politique vigilante et patiente et gagnés, à peu près tous, par le sang de nos soldats. Il y a longtemps que les Français se sont montrés pour la première fois sur la côte occidentale d'Afrique. Dès le xiv⁰ siècle, des Dieppois et des Rouennais avaient déjà installé des comptoirs au cap Vert, à Rufisque et même au delà de Sierra Leone. De 1470 à 1626, les Portugais, les Français et les Anglais envoient un grand nombre d'expéditions sur cette partie du littoral et se font les uns aux autres la guerre de corsaires. Notre vieux Sénégal, appelé à devenir le noyau de l'Afrique occidentale française, est la plus ancienne de nos colonies. La première compagnie normande s'y établit en 1626. Puis, à la veille du xviii⁰ siècle, André Brue fonde la *Compagnie royale du Sénégal, Cap Nord et côte d'Afrique*. Bientôt, le pouvoir royal va s'occuper lui-même de l'administration du pays et y envoyer des gouverneurs. Petits-maîtres transplantés de Versailles, Lauzun et Boufflers, malgré la poudre à la maréchale qui couvre leurs cheveux, donnent d'admirables exemples d'énergie et de courage dans ces régions incultes où la mort fauche à grands coups et où les guerres européennes viennent s'ajouter à tous les périls africains. L'Anglais s'acharne contre notre jeune colonie. De 1758 à 1814, les murailles brunes de Gorée sont criblées de boulets. Enfin, le traité de Paris rend le Sénégal à la France. Peu après, tandis que nous nous maintenons à grand'-peine contre les Maures Trarza, des postes s'élèvent à Bakel et à Dagana. Bientôt va paraître l'homme admirable à qui la France doit son influence et ses premières conquêtes dans ces régions, le véritable père du Sénégal et de l'Afrique occidentale française : Faidherbe.

Avec lui, notre action politique s'organise. Le nouveau gouverneur se tient en rapports constants avec les chefs indigènes. Quand les moyens pacifiques sont impuissants, la poudre parle. Après quatre ans de guerre, les Maures Trarza et Brackna sont rejetés sur la rive droite du Sénégal où désormais ils seront contenus. En même temps, il a fallu résister à l'armée fanatique du prophète El-Hadj Omar. Médine subit un siège héroïque. Mais, à force d'efforts et de persévérance, la paix règne, les traités se signent, le nom de la France est respecté et craint sur une étendue de 600 000 kilomètres carrés, alors qu'à l'arrivée de Faidherbe le

Sénégal ne comprenait que quelques comptoirs mal défendus. La route est ouverte vers le Soudan mystérieux où l'explorateur Mage a poussé jusqu'à Ségou.

Vers la même époque, la France plante son drapeau sur d'autres points du littoral. Des traités passés par nos marins, au XVIIe siècle, avec des chefs de la Côte d'Ivoire, nous y assuraient la possession de comptoirs. En 1842, des postes sont édifiés à Grand Bassam et Assinie. Nous avions, depuis le XVIIIe siècle, un établissement au Dahomey, à Ouidah. De 1857 à 1864, nous y occupons Grand Popo, Porto Novo et Cotonou. Nous avions ainsi deux points d'appui : l'un à l'ouest, l'autre au sud. C'est de ces deux côtés que va partir le mouvement logique et méthodique d'expansion. Car la conquête de l'Afrique occidentale n'a pas été une suite de hasards heureux. Elle est le résultat d'une pensée unique, consciente et forte, d'un plan mûrement réfléchi et dont la réalisation fut patiemment poursuivie. Malgré les difficultés et les périls, malgré les fâcheuses inspirations de l'incohérence parlementaire, malgré l'insuffisance des ressources, le dénuement et l'abandon où on laissa trop souvent les hardis propagateurs de notre action colonisatrice, explorateurs et soldats accomplirent leur tâche avec une prévoyance, une sagesse, un esprit lucide, ordonné et clair qui porte l'empreinte du génie latin. Ils y ont joint d'admirables fastes de vaillance qui, venant peu de temps après la défaite encore douloureuse, ont apporté à la patrie une poussée de réconfort, de fierté et d'espoir.

En 1879 s'ouvre la période des grandes missions et des colonnes du Haut-Fleuve. L'histoire de la conquête entre dans une nouvelle phase de suractivité. Olivier de Sanderval parcourt pacifiquement la Guinée et arrive à Timbo, la ville sainte, au cœur du Fouta-Djallon. Mais c'est le sabre à la main et à la tête d'importantes colonnes que Borgnis-Desbordes, Combes, Frey, Galliéni, Archinard, Humbert, Bonnier, Binger se frayent un chemin à travers les hauts herbages de la vallée du Niger ou les immenses forêts vierges silencieuses de la Côte d'Ivoire. Pendant vingt ans, le sang français arrosera largement le sable avide, mêlé au sang généreux des soldats noirs, tirailleurs et spahis sénégalais qui se ruent à l'attaque avec une ardeur de démons. C'est tour à tour la prise de Bamako, Ségou, Kankan, Bandiagara, Djenné, Mopti, Tombouctou. C'est la guerre avec Ahmadou et le commencement de la lutte à outrance avec le terrible Samory, l'Achille et le Napoléon des Noirs. C'est le massacre de la colonne Bonnier à Takoubao qui, après tant de combats heureux, plonge la France dans une cruelle stupeur. Ce sont les brillantes opérations de Monteil à la Côte d'Ivoire qui nous assurent la possession du pays et ouvrent une communication entre la vallée du Niger et l'Océan.

Une autre voie de pénétration vers le Soudan s'ouvrait par le Dahomey. Nous occupions quelques points de la côte et le protectorat de la France résultait de plusieurs traités. Mais le roi d'Abomey, Behanzin, avait cherché à plusieurs reprises à s'opposer à notre établissement. Une première campagne en 1890 aboutit à un traité. Puis, Behanzin n'ayant pas tardé à manquer à la parole donnée, une seconde expédition est entreprise sous les ordres du colonel Dodds. Les Dahoméens sont défaits à Dogba et dans une série de combats meurtriers; Abomey est pris, Behanzin capturé. Pendant qu'on achève la pacification de cette nouvelle colonie, des colonnes poursuivent la conquête du Soudan, descendent vers le sud, poussent à l'est vers le Tchad. Caudrelier, Voulet et Chanoine, Audéoud, Klobb, Crave, Cazemajou, Foureau et Lamy font des merveilles d'audace et d'endurance. En même temps, il faut abattre l'insolence farouche de Samory, de ce rapace de la brousse qui va, semant la ruine, les déprédations et la mort et qui a mis le siège devant Kong. Après une lutte sanglante et féconde en péripéties, Samory est pris par le capitaine Gouraud. En 1902, la conquête du Soudan était achevée, mais, depuis lors, des colonnes et des missions n'ont cessé de rayonner à travers les hinterlands qui relient les différentes colonies constituant notre Afrique occidentale. Coppolani est mort au champ d'honneur, après avoir occupé au nom de la France tout le sud de la Mauritanie. Il avait dit : « Celui qui tient les palmeraies tient les nomades. » Mettant à exécution cette parole si profondément juste, le colonel Gouraud, après sa brillante campagne de 1909, fit flotter les trois couleurs dans cet Adrar que les Maures jugeaient impénétrable. Enfin, la mission si admirablement conduite par le capitaine Tilho a achevé de faire du Tchad un lac français.

Tout en poursuivant notre pénétration, nous faisions reconnaître nos droits par nos voisins anglais, allemands et portugais, en leur accordant des compensations parfois excessives. Ces conventions ont permis à notre expansion de s'étendre librement vers l'intérieur et de faire de l'Afrique occidentale française un bloc qui rejoint notre Congo au Tchad par Zinder, l'Algérie par Tombouctou et toutes les colonies côtières du groupe par leur hinterland. Les opérations de délimitation vis-à-vis des puissances étrangères ont été soigneusement exécutées. « La France a voulu savoir où s'arrêteraient ses droits et ceux de ses voisins : elle a borné le sol qu'elle voulait féconder avec le scrupule quasi-religieux que, dans l'ancienne

Rome, le propriétaire mettait à fixer l'étendue de son champ et la cité à reconnaître la surface que son enceinte devait embrasser[1]. »

En Afrique occidentale, la France se trouvait donc maîtresse de cinq colonies : le Sénégal, le Soudan, la Guinée française, la Côte d'Ivoire et le Dahomey. Un décret du 15 octobre 1904 a institué, à côté d'elle, le territoire civil de la Mauritanie auquel on joignit plus tard les régions militairement occupées de l'Adrar. Ces colonies devaient-elles être administrées isolément? Devait-on les laisser chacune à leurs propres forces, faire de chacune d'elles un organisme séparé, sans lien avec ses voisines? Il semble, au contraire, que leurs frontières communes, la similitude de race, de religion, de mœurs chez leurs habitants, l'identité de leurs besoins, la communauté de leurs intérêts, tout enfin, commandait de les réunir dans une sorte de fédération qui leur permettrait, tout en conservant leur autonomie, de se pénétrer et de s'aider mutuellement et de former un tout cohérent et harmonieux au point de vue économique et financier, sous la direction suprême d'une autorité centrale unique. Cette autorité, c'est le Gouvernement général institué en 1899, mais définitivement constitué par le décret du 18 octobre 1904

1. Duchêne, *L'Afrique occidentale française.* (Revue politique et parlementaire, 10 juillet 1905.)

avec des moyens suffisants, un crédit possible et des pouvoirs efficaces.

En 1900, on a retranché du Soudan français disloqué une assez forte part de sa superficie au profit des colonies limitrophes du Sénégal, de la Guinée, de la Côte d'Ivoire et du Dahomey et on l'a réorganisé sous le nom de colonie du Haut-Sénégal et Niger. C'est donc sur ces cinq unités territoriales bien tranchées et sur la Mauritanie que s'exerce l'autorité considérable du gouverneur général de l'Afrique occidentale française. Il est pour elles un organe de haute direction, mais surtout de liaison et de contrôle. Son action coordonne et dirige vers un but commun celle des gouvernements locaux à laquelle elle ne doit pas se substituer. C'est du Gouvernement général que part la méthode d'ensemble, la propulsion qui donne aux différentes colonies un mouvement non pas uniforme, mais homogène et harmonieux. Il est le cœur qui anime les différentes parties d'un corps d'une même vie où tous les membres sont solidaires, tout en gardant leur indépendance. On peut le considérer aussi comme un gérant d'intérêts généraux, car il dispose d'un budget dit *budget général*, par opposition au *budget local* de chaque colonie. Ce budget pourvoit à des dépenses déterminées dont les principales sont la dette et les grands travaux publics. Sa recette la plus importante lui vient des droits de douane perçus dans toute l'étendue de l'Afrique occidentale française. Avec ses pouvoirs définis, ses moyens propres, sa presque totale indépendance, l'institution du Gouvernement général représente un grand progrès sur le passé et met nos colonies à l'abri des décisions contradictoires de ministres trop souvent éphémères et changeants. On a eu tort de l'affaiblir, de la paralyser, en créant à côté d'elle un contrôle financier confié aux mains d'un fonctionnaire de l'Inspection des finances. Ce contrôle en effet ne peut être qu'inefficace ou gênant. Bien autrement heureuse pourra être sur le gouverneur général l'influence du Conseil de gouvernement qui se compose des gouverneurs de colonie, des chefs de service généraux, de hauts fonctionnaires et d'habitants notables et qui tient au moins une session par an. Le Conseil de gouvernement arrête les budgets et l'impôt, statue sur toutes les questions financières, donne des avis sur tout ce qui intéresse la colonisation. Le gouverneur général exécute seul sous sa propre responsabilité.

Le gouverneur général réside à Dakar, dans cette ville si admirablement située, si vite poussée et développée, avec toutes ses constructions neuves, ses rues droites et spacieuses, ses deux ports. Du quai où vient de nous débarquer le paquebot, gagnons un de ses boulevards ombreux, plantés de caïlcédrats au feuillage immobile dans l'air fluide.

L'animation règne. De nombreux passants circulent : fonctionnaires ou commerçants vêtus de drap pour la plupart, si l'on n'est pas en temps d'hivernage; militaires, dames en élégantes toilettes, Noirs des deux sexes drapés en d'amples vêtements de toile. Des charrettes anglaises roulent à grande allure, conduites par des gentlemen en casque blanc. L'aspect est gai, mouvementé. La température est fort peu accablante. Que devient alors la fameuse notation du 50° du thermomètre : *chaleur du Sénégal?* Une locution que sa généralité fait gravement mentir et qu'il faut changer au plus vite. Entre le quartier de l'artillerie aux murs peints d'ocre clair et le bâtiment rose entouré de larges vérandas des Secrétariats généraux, une large rue monte vers le plateau paisible et silencieux qui domine la ville et la mer. Prenons-la. Bientôt, sur la gauche, une grande construction apparaît, d'un blanc qui aveugle dans l'éclatante lumière africaine. Sous le campanile qui la surmonte, elle a peu l'apparence coloniale et rappelle plutôt le style des palais d'exposition. C'est le Gouvernement général. On l'a voulu monumental et imposant pour impressionner les indigènes et les étrangers si nombreux qui font escale à Dakar et pour symboliser, sur ce plateau que la mer enserre de trois côtés d'une large écharpe bleue, en face de Gorée, berceau de notre puissance en Afrique, ce qu'est devenue aujourd'hui cette puissance qui s'exerce sur 12 millions d'habitants.

Là habite M. Merlaud-Ponty, gouverneur de l'Afrique occidentale française. Homme d'action tenace et méthodique, il a fait faire de grands progrès aux régions soumises à son autorité supérieure. Les hommes et les choses lui en sont familiers, puisque, à part une période de service à Madagascar, toute sa brillante et laborieuse carrière s'est déroulée au Soudan et au Sénégal. Il a débuté de façon quasi-militaire en qualité de secrétaire particulier du colonel Archinard, accompagnant les colonnes de 1890 et 1891, faisant le coup de feu, recevant une blessure et cité à l'ordre. Depuis lors, ce Soudan à la conquête duquel il avait participé l'a eu comme gouverneur et il y a fait apprécier les grandes qualités qui l'ont désigné pour la haute fonction de gouverneur général. C'est un actif que les déplacements à longue distance n'effraient pas, un « broussard », comme on dit là-bas. Il aime à tout voir par lui-même, s'intéresse à tout et à tous et a recueilli partout où il est passé la sympathie des Blancs et la confiance des Noirs.

S'il y a unité de direction pour l'action d'ensemble, chaque colonie garde, sous l'autorité et la responsabilité de son gouverneur, son initiative propre et sa liberté d'action. L'une d'elles possède une organisation spéciale : c'est le Sénégal où l'on trouve un régime politique inspiré par une conception des plus fausses prudemment abandonnée pour nos colonies nouvelles. Les quatre communes de Saint-Louis, Dakar, Gorée et Rufisque sont dites de plein exercice, ce qui confère à leurs habitants le droit d'élire un député, des conseillers généraux et municipaux. Droit déplorable dû aux considérations humanitaires qui étaient de mode vers 1848 et application absurde de la doctrine d'assimilation, de cette doctrine qui fait du Noir l'égal du Blanc et dont nous parlons un peu plus loin. Le Noir qui, hier encore, pratiquait l'esclavage, le Noir ignorant et barbare qui achète sa femme, ne connaît pas notre langue, ne sait rien de nos mœurs, le Noir vote! Ou plutôt on le fait voter. Les pêcheurs de Guet-n'dar, pauvres gens qui vivent maigrement du produit de leur pêche, sont à Saint-Louis les arbitres des élections. Ils viennent voter par groupes disciplinés, sous le commandement des chefs indigènes convenablement rétribués, à l'avance, par le candidat. Et que de scandales, de tripotages éhontés, de truquages parfois divertissants! C'est un candidat qui s'ingénie à découvrir des électeurs non inscrits et qui en fait inscrire plusieurs centaines, moyennant une légère rétribution à chacun, cette inscription étant des plus faciles à obtenir. Ce sont de zélés partisans d'une candidature qui éteignent les lumières au moment du dépouillement du scrutin. C'est un autre candidat ingénieux qui fait imprimer ses bulletins sur un papier reconnaissable au toucher si bien que le président de vote, son compère, ne veut recevoir que ceux-là dans l'urne et en fait distribuer, d'autorité, à tous ces nègres électeurs incapables de déchiffrer un nom.

Ajoutez à cela que cette introduction saugrenue de la politique dans la colonisation exerce la plus fâcheuse influence sur l'esprit des Noirs. L'orgueil naturel du Ouolof s'en accroît encore et dégénère en insolente jactance. L'agitation électorale se signale fréquemment à Saint-Louis et à Dakar par les cris de : « A bas les Français! » et « Le Sénégal aux Sénégalais! » Les Sénégalais dont il s'agit, ce sont les mulâtres qui constituent une puissance à Saint-Louis où ils ont accaparé un grand nombre des emplois du Gouvernement et tous les postes municipaux. Ils forment une imposante majorité au Conseil général du Sénégal qui, bien loin d'aider à l'action coloniale, y mit au contraire toujours obstacle. Toujours l'administration française a rencontré chez lui, déclarée ou sournoise, une opposition à tous les progrès : abolition de l'esclavage, construction des voies ferrées, constitution du Gouvernement général, pénétration en Mauritanie. Aussi est-on fortement en train de revenir de la chimère de l'électorat chez les Noirs. On n'osera malheureusement pas aller jusqu'à supprimer le député du Sénégal, mais il se pourrait que le Conseil général fût prochainement supprimé ou du moins très modifié dans sa composition, notamment par l'adjonction de délégués des territoires non encore représentés qui seraient nommés par le gouverneur. Il faut en finir au plus vite avec un état d'esprit dont la contagion serait effroyable pour les populations de notre Afrique occidentale. La politique a détraqué et perverti le cerveau de nos indigènes de l'Inde et de la Martinique. Il n'est que temps d'arrêter au Sénégal l'indiscipline vaniteuse qu'elle engendre et qui faisait donner dernièrement par un instituteur noir de Saint-Louis à ses élèves cet ineffable sujet de composition : « Quelle est la procédure à suivre pour faire révoquer un gouverneur général? »

En dehors des communes de plein exercice qui sont, heureusement, l'exception, le Sénégal comprend des pays d'administration directe et des pays de protectorat. Dans les premiers, l'action administrative à tous les degrés est uniquement aux mains des fonctionnaires blancs. Dans les seconds, on a laissé aux Noirs leurs chefs naturels, chefs de village et chefs de canton, qui servent d'intermédiaire entre eux et l'administrateur placé à la tête du cercle. Cette dernière organisation, fort judicieuse et qui donne les meilleurs résultats, se retrouve à peu près exclusivement dans toutes nos possessions d'Afrique occidentale. Néanmoins, dans des centres européens comme Konakry, des municipalités ont été instituées. De même, les escales de traite telles que Louga, Tivaouane, Thiès, Kaolack, Ziguinchor, qui comptent un assez grand nombre d'Européens, ont été constituées en communes mixtes.

D'une manière générale, chacune des colonies est subdivisée en circonscriptions ou cercles. Il y en a environ une centaine dans toute l'Afrique occidentale française[1]. On a conservé autant que possible les vagues divisions territoriales qui existaient au moment de notre arrivée dans le pays. Auprès des villages et des cantons que nous avons trouvés, nous en avons créé de nouveaux. Dans chaque colonie, le gouverneur assisté du secrétaire général a surtout un rôle de centralisation, de contrôle et de représentation. Mais le véritable homme d'action, celui que connaissent presque exclusivement les Noirs, c'est l'administrateur à qui incombe la direction du cercle. Il y a un nom qui revient sans cesse dans la bouche des indigènes, sur la côte comme dans l'intérieur, dans les centres comme dans les postes isolés : « Le commandant! » Quel est cet officier supérieur si répandu ? Tout simplement, l'administrateur, et c'est par la persistance d'un souvenir des temps de conquête que ce civil reçoit

1. Il est impossible de donner le chiffre exact, car ces circonscriptions sont constamment remaniées.

INDIGÈNES RÉUNIS POUR LE RECENSEMENT (SOUDAN). CES RECENSEMENTS SERVENT A L'ADMINISTRATEUR POUR ÉTABLIR L'IMPOT LE PLUS ÉQUITABLEMENT POSSIBLE. — CLICHÉ FORTIER.

une dénomination militaire. Administrateur de n'importe quelle classe, adjoint des affaires indigènes, voire même simple commis, c'est toujours le commandant. Preuve certaine que son autorité est solidement établie, qu'il est indiscutablement le chef. Cet administrateur dont on nous a fait en France de si étranges caricatures, qu'on nous a montré mollement étendu dans son rocking-chair, tout en regardant béatement torturer des nègres et en sirotant sa sixième absinthe, ce fonctionnaire tant vilipendé, que vaut-il ?

Il m'a été donné de voir beaucoup d'administrateurs et j'en ai trouvé bien peu qui ne fussent très attachés à remplir de leur mieux leur lourde tâche. Ils m'ont surtout paru admirablement adaptés aux conditions du pays et aux mille nécessités de la vie exotique. Je crois qu'à cet égard le Français, souple et assimilable, est mieux doué que l'Anglais. Il pénètre plus profondément au sein des populations indigènes, les connaît mieux, intervient davantage dans leur vie sociale. Nos voisins d'outre-Manche eux-mêmes se plaisent à le reconnaître et l'on a pu lire à ce sujet les flatteuses appréciations de M. Savage Landor, le hardi explorateur et de M. Edmond Morel, l'auteur de ce beau livre : *Problèmes de l'Ouest africain*. Très justement, M. le Dʳ Blyden pouvait dire, en 1901, à la Chambre de commerce de Liverpool : « Il semble que les méthodes françaises s'harmonisent mieux avec les sentiments indigènes que les procédés plus rudes, plus positifs des Anglo-Saxons. Tout ce qu'elle trouve parmi les indigènes d'original, de spécial à la race, de pittoresque, l'administration française le laisse subsister. » Traînant à sa suite les immuables habitudes de sa vie privée, figé dans son individualité nationale si tranchée, le fonctionnaire des colonies britanniques s'abstrait de la vie noire qui ne l'intéresse pas. Il surveille de haut, de loin, mais descend rarement parmi la foule. Traditionnaliste et peu curieux, il s'en tient à son thé, à son golf, à son polo. Au contraire, notre administrateur d'Afrique occidentale côtoie de très près l'existence indigène et s'y mêle quelquefois. Il est accueillant pour ses administrés, préside leurs tamtams, boit du *dolo* (bière de mil), mange même, à l'occasion, de la cuisine locale. Le danger de cette méthode, c'est la « bougnoulisation », c'est-à-dire l'assimilation au Noir, la régression vers une humanité inférieure. Mais les exemples s'en font de plus en plus rares. Ils diminueront encore, à mesure que se compliquera la vie coloniale, que les rapprochements entre Européens se multiplieront et que le personnel achèvera de se sélectionner au point de vue de la valeur morale et de l'instruction.

L'administrateur africain constitue déjà un type qu'il faut fixer. Sa qualité dominante est à coup sûr sa multiplicité d'aptitudes. On le voit tour à tour topographe, architecte, percepteur, agronome, ingénieur, juge, agent voyer, commandant de la milice, voire même médecin et pharmacien. Ce Michel Morin bâtit des villes, lève des plans, construit des ponts, trace des routes, rend la justice, surveille l'architecture, stimule l'assistance médicale indigène et fait au besoin (besoin rare, heureusement) le coup de fusil. Un jour, il préside à un de ces recensements d'indigènes qui reviennent assez fréquemment, pour établir de la façon la plus équitable l'assiette perpétuellement changeante de l'impôt. Le lendemain, il recrute des porteurs pour un voyageur qui passe et il les réunit dans la cour de son poste, prêts à se mettre en route. Ces besognes si diverses, il les exécute avec entrain, car il est plein d'allant et de belle humeur, à l'inverse aussi de son collègue d'Angleterre qui s'acquitte de ses devoirs avec une exactitude froide et une conscience triste. L'administrateur français aime son métier comme il aime la brousse et il recherche l'initiative pour l'initiative. Son temps de colonie ne lui apparaît pas comme une corvée, mais comme une occasion toujours offerte de faire preuve d'activité et en même temps de personnalité. Il aime à dire : « Ceci est mon œuvre. » C'est un homme de plein air, un sportsman qui fait du cheval avec passion (quand le climat laisse vivre les chevaux), qui joue au tennis mieux qu'un champion de plage élégante et fait parler la poudre de son winchester contre les biches et les phacochères, souvent même contre les éléphants, les panthères et les lions.

Il sait l'efficacité des tournées dans la brousse et il les aime pour l'intérêt qu'il y trouve, pour le dérivatif qu'elles offrent à l'ennui ou à la mélancolie qui perce parfois, à la nostalgie qui guette et qu'il faut secouer. De temps en temps, il part, dans le matin frais aux tons veloutés, pour un voyage d'un mois à travers les villages. Là, il observe, interroge, fait des enquêtes, entre dans les *soukala*, examine tout. Inlassablement, il écoute les doléances, donne des ordres et palabre avec les chefs, en faisant de son mieux pour tempérer et réduire au minimum leur incorrigible verbosité.

Dans un petit livre charmant de pittoresque et d'esprit et d'une vérité indiscutable, car il a été vécu, M. Maurice Delafosse nous montre le vivant et réconfortant tableau d'une tournée d'administrateur. Il s'agit d'un administrateur purement idéal auquel il a donné le nom symbolique de Broussard : « Rarement visités par un Européen, les indigènes s'empressent, mus à la fois par un sentiment bien naturel de curiosité et par le désir d'être agréable à ce Blanc qui est leur chef et contre la colère duquel ils seraient sans défense, à cause de leur petit nombre. Car chez les natures primitives et habituées depuis des siècles à la loi du plus fort, la peur, même non justifiée, produit souvent un résultat qu'on serait tenté d'attribuer à la sympathie. Le chef, pauvre vieillard vêtu de quelques haillons, vient saluer Broussard humblement et lui apporte son tribut : un poulet, quelques œufs, quelques fruits. Dans son esprit, en effet, c'est un tribut, mais Broussard l'accepte comme un cadeau de bien-venue, et le soir il gratifiera son hôte d'un cadeau d'au moins égale valeur. Cela remplira d'aise ce pauvre chef d'un plus pauvre hameau, mais dimi-nuera un peu son respect pour le chef blanc qui, au contraire du commun des chefs noirs, rembourse à ses sujets les tributs qu'il reçoit d'eux. Des femmes cependant nettoient et balaient la meilleure des cases du village, et Broussard s'y installe, fait un brin de toilette et s'assied avec un superbe appétit devant le frugal repas que son cuisinier, devenu très expert, a su préparer en une demi-heure.

« Durant l'après-midi, il met au net les notes prises en cours de route, ou bien il fait le « topo » de l'itinéraire levé le matin, ou encore il procède au recensement du village, s'enquiert des mœurs des habitants, de leurs besoins, de leurs petites affaires, de leurs palabres, de leurs récoltes; leur fait, en termes simples et appropriés à leur culture intellectuelle, une petite conférence sur la nécessité et la raison d'être de l'impôt, sur l'utilité d'entretenir les routes, sur les meilleurs procédés de récolte du caoutchouc, sur les dangers de la monoculture; il recommence en un mot son métier de colonial, de « bon à tout », et se fait l'éducateur universel de ces primitifs[1]. »

Rentré dans son poste, il accumulera les notes, écrira des rapports, proposera des projets, s'enfoncera jusqu'au cou dans la paperasserie. 'Ah ! la paperasserie, pourquoi, avec notre ridicule manie d'assimilation, l'avons-nous apportée dans nos bagages au lieu de la laisser en France où elle est déjà si terriblement encombrante? Heureusement que notre administrateur possède les habitudes d'ordre et de classement de sa race. Entre temps, il regarde grandir ses poules et ses lapins, trace un jardin autour de la résidence, y sème des hibiscus, des bougainvillées et des « orgueils de Chine », qui, sous l'action hâtive du soleil tropical, composeront vite un merveilleux décor d'or et d'écarlate. Et il fait pousser aussi des fruits du pays et des légumes de France, ces radis, ces aubergines, ces choux, qui constituent là-bas le meilleur des régals et la plus délicate attention à l'égard de l'hôte de passage.

L'administration des cercles emploie un nombreux personnel d'adjoints des affaires indigènes et de commis. Ces modestes collaborateurs du grand

1. Maurice Delafosse, *Les états d'âme d'un Colonial.* (Publication du Comité de l'Afrique française.)

œuvre colonial ont attendu trop longtemps, eux aussi, la légitime réputation d'énergie, d'endurance et de travail à laquelle ils ont droit. Tant de gens chez nous les croient pourvus de molles sinécures! Cependant, bien souvent à l'heure où l'employé de ministère foule l'asphalte, sa journée finie, le commis vêtu de toile kaki aligne encore ses pattes de mouches dans son bureau en *banco*, sous l'envolement lent du panka. Tous ceux-là aussi doivent être des Maître-Jacques. Reconnaissants de leurs services, les administrateurs les traitent en camarades. Si loin de France, la hiérarchie peut se détendre sans que l'autorité y perde. Des heures de gaîté rassemblent tout le monde et à part quelques inévitables malentendus où le soleil et l'énervement sont généralement les seuls coupables, l'entente la plus complète règne, même entre gens de corps différents, ce qui n'est pas toujours si simple ni si facile qu'on pourrait le croire.

A côté des Blancs et sous leur autorité, l'administration française en Afrique occidentale emploie des Noirs. Elle nomme des chefs de canton et des chefs de village avec qui elle est en rapports constants pour les mesures sanitaires, les levées de porteurs et surtout le recouvrement de l'impôt. Nous avons même encore un roi à notre service. C'est Mademba, brave serviteur de la France aux durs temps de la conquête et dont nous avons fait jadis un souverain sous notre suzeraineté et notre contrôle, pour l'opposer, dans la vallée du Niger, au fanatique Ahmadou. Moins heureux que lui, Adjiki, fils du célèbre roi dahoméen Tofa, a vu sa majesté réduite par nous au simple titre de chef de Porto Novo. Mais Mademba ne possède qu'un pouvoir viager. Son titre solennel de *Fama des États de Sansanding* s'éteindra avec lui. Les indigènes à notre service occupent tous des postes infiniment plus modestes. Ils sont employés dans les bureaux, interprètes, postiers, moniteurs dans les écoles, gardes de cercle. Ces derniers tiennent à la fois du gendarme, de l'agent de police et du commis des contributions. On ne trouve, pour ainsi dire, pas de Noirs dans les postes élevés et en ceci nous différons encore des Anglais qui, dans leurs colonies de la Nigeria et de Sierra Leone, les laissent volontiers arriver à diriger d'importants services. Il y a là une extension déplacée et dangereuse de ce qui se fait dans l'Inde. Le Noir devient un fonctionnaire passable à condition qu'on le contrôle fréquemment et que sa besogne soit routinière. Employons-le donc, mais maintenons-le dans les postes inférieurs. Le faire arriver aux grades supérieurs serait aussi dangereux pour notre influence que pour l'exécution des services. L'indigène est excellent dans les fonctions de consigne étroite, de discipline rigide et d'exécution simple.

CHEFS DE VILLAGE ALLANT REMETTRE LE PRODUIT DE L'IMPOT RECUEILLI PAR EUX. (HAUT-SÉNÉGAL-NIGER.)
CLICHÉ FORTIER.

Il nous fournit des gardes de cercle zélés, parfois trop zélés même et dont il faut surveiller la poigne souvent brutale, la main toujours lourde. Le Noir investi de quelque parcelle d'autorité est terriblement dur avec ses frères de race. Chef, il a une tendance irrésistible à devenir tyran. Je n'ai jamais pu confier à un garde ou à un boy une troupe de porteurs, sans les retrouver exténués, zébrés de coups de chicote et dévorés de soif.

Ce n'est pas toujours l'administrateur que l'on voit à la tête des cercles. Certains d'entre ces cercles comme ceux de Tombouctou et de Bobo-Dioulasso, insuffisamment pacifiés, troublés parfois par des rezzous et des prises d'armes, sont encore confiés aux mains de l'autorité militaire. L'ensemble de ces régions à régime exceptionnel forme ce qu'on appelle *les territoires militaires*. L'officier y réunit sur sa tête tous les pouvoirs. Il s'en tire généralement à merveille et cette organisation transitoire a, entre autres mérites, celui de coûter beaucoup moins cher que l'autre, la définitive. Aussi voit-on plus d'un gouverneur faire des vœux pour que ce provisoire dure. Activité, travail, entrain, juste compréhension des rapports avec l'indigène, telles sont les principales qualités qu'on trouve chez ces soldats administrateurs et laboureurs que savent si vite devenir nos officiers d'infanterie et d'artillerie coloniale. Comment aussi ne pas rendre hommage à ces parfaits sous-officiers, à ces stupéfiants troupiers, *marsouins* et *bigors*, qu'on emploie, même dans les cercles de l'administration civile, aux besognes les moins militaires et qui s'en tirent comme s'ils n'avaient fait que cela toute leur vie? Les uns sont receveurs des postes, les autres maîtres d'école, d'autres encore percepteurs des contributions, employés de l'état civil ou inspecteurs de la navigation.

Presque partout, l'administrateur, comprenant les écueils de son rôle, se garde de heurter les susceptibilités, les mœurs, les croyances. Pour cela, il faut étudier de près l'indigène, connaître tout de lui et voilà pourquoi on ne saurait trop engager les administrateurs à se livrer à un examen attentif des coutumes et des traditions de leur cercle. C'est pour avoir excité certain mécontentement d'ordre religieux, pour avoir notamment fait couper des arbres fétiches, sans soupçonner, d'ailleurs, le sacrilège commis, que l'infortuné administrateur Cait a été assassiné au Dahomey. Le guet-apens où est tombé en Guinée l'administrateur Bastié s'explique également par des imprudences, des mesures inopportunes dues à une ignorance totale de la mentalité noire, à un manque de pénétration de l'opinion indigène. Parler la langue du pays est un excellent moyen d'échapper à ce danger. Le fonctionnaire entre ainsi en communication directe et constante avec l'indigène. En outre, il se libère de ce personnage dangereux par son insuffisance ou son astuce qu'est l'interprète. L'administrateur qui ne parle pas le dialecte courant de son cercle est entièrement à la merci d'un Noir généralement intrigant et avide d'autorité. Heureusement, la connaissance des vocabulaires de lieu et de race commence à se répandre parmi nos fonctionnaires. Peut-être devrait-on l'encourager davantage et lui donner dans les notes un coefficient plus élevé.

D'une manière générale, à part certains hinterlands ou certaines régions de la Côte d'Ivoire insuffisamment pénétrés, notre autorité est incontestée en Afrique occidentale. Le salut chargé de respect que le Noir adresse dans les rues de Bamako ou de Tombouctou *à n'importe quel Blanc* est le juste indice de notre domination. Mais le signe le plus certain, c'est la perception normale et régulière de l'impôt. Cet impôt se réduit à deux formes : impôt indirect de consommation, impôt direct de capitation. Du premier, peu de chose à dire. Frappant le superflu pour l'indigène, son rendement atteste le bien-être. Toutefois, il est prudent de se rappeler que nos colonies sont entourées de colonies étrangères qui ne demandent qu'à attirer chez elles nos protégés et leurs produits. C'est ainsi qu'en Casamance, depuis la mise en vigueur du nouveau régime douanier, les Noirs font des échanges avec les comptoirs portugais. Quant à l'impôt de capitation, son produit est d'un peu plus de 12 millions, soit un peu plus d'un franc par tête, en moyenne. Malheureusement l'assiette de cet impôt varie assez arbitrairement d'un cercle à l'autre. Une des réformes qui s'imposent est une péréquation basée sur les ressources du pays et le degré de pénétration.

Pour les faire acquitter, le chef de village se laisse généralement guider par les conseils de l'administrateur qui indique les moyens de paiement les plus favorables à lui et aux siens. Le plus souvent, il versera en plusieurs fois et notamment après la saison des récoltes, quand les gens du pays ont vendu leurs arachides ou leur mil. Malgré la modicité de l'impôt (de 25 centimes à 4 francs), le Noir imprévoyant a, en effet, la plus grande peine à s'en libérer. Il en accepte difficilement le principe et dit en plaisantant qu'il voudrait bien imiter les singes qui sont, assure-t-il, des hommes réfugiés dans la brousse pour ne pas payer l'impôt. Mais il en comprend le bien-fondé, quand on lui explique que c'est grâce à cet argent qu'on exige de lui que nous lui construisons des routes, des ponts, que nous lui ouvrons des hôpitaux et des dispensaires. Il montre parfois beaucoup d'empressement à s'acquitter. C'est ainsi que dans le gouvernement du Haut-Sénégal-Niger, dès le premier trimestre de l'année 1911, une somme de plus de 3 millions était versée.

MONTAGNARDS HABBÉS ATTENDANT D'ÊTRE RECENSÉS POUR L'IMPOT
(RÉGION DE BANDIAGARA). — CLICHÉ DE SAINT-MART.

CHEFS DAHOMÉENS FAISANT, SUR L'ORDRE DU GOUVERNEUR GÉNÉRAL,
AMENDE HONORABLE AU MONUMENT DE L'ADMINISTRATEUR CAIT,
ASSASSINÉ A SAKETE. — CLICHÉ FORTIER.

Le refus de l'impôt est des plus rares. Si la race montagnarde des Habbés se l'est permis dernièrement, c'est qu'elle se croit inexpugnable sur ses falaises du Macina et qu'elle a toujours refusé le moindre tribut aux maîtres qui nous ont précédés. Il n'en est pas de même des gens de la plaine habitués dès longtemps à se voir rançonner par les Marocains, les Peuhls, les Toucouleurs, les rois dahoméens. A l'impôt de capitation, il faut joindre quelques contributions d'un faible rapport qui existaient avant notre arrivée dans le pays : l'*oussourou* ou droit de patente, le droit de pacage acquitté par les Touareg et les Maures aux postes frontières quand ils mènent, en saison sèche, leurs troupeaux sur les bords herbeux du Niger et, en Mauritanie, le *zekkat*, impôt arabe sur le bétail et la culture.

A toutes les populations indigènes, notre joug paraît infiniment plus doux que ceux dont elles souffraient jadis. Sur quel principe repose-t-il? On a discuté à perte de vue à propos de la politique à suivre avec ces primitifs. Fort justement, on a relégué au rang des vieilles lunes, comme absurde et dangereuse, la *politique d'assimilation*, celle qui met le Noir sur le même pied que le Blanc. Une autre formule fait fortune en ce moment, c'est la *politique d'association* : le Blanc et le Noir s'associant pour le travail et pour la production. Cette formule ne me paraît guère plus heureuse que la première, car il semble bien que le mot « association » implique égalité de capacités entre les parties, qu'il ne subordonne pas l'une à l'autre. Or, nous n'obtiendrons en Afrique occidentale de résultats appréciables et durables qu'en subordonnant le Noir au Blanc. Le premier, en effet, est aussi dépourvu d'initiative que le serait un enfant. La décision lui est à peu près inconnue, un acte de volonté lui coûte. Si vous lui demandez un avis, il vous répondra invariablement : « Tu es le maître, ordonne. » Aussi, lorsque la *politique d'apprivoisement* préconisée par M. Merlaud-Ponty aura donné ses fruits, il faudra substituer au rêve niaisement humanitaire d'une *politique d'association* une *politique de tutelle bienveillante*, seul moyen d'utiliser et d'éduquer la mentalité de l'indigène si différente de la nôtre. Ces deux mentalités pourront vivre côte à côte pendant des siècles sans arriver à une part égale dans l'entreprise commune où, seul, le cerveau du Blanc doit concevoir et ordonner. Il n'est pas d'autre moyen de mener vers les destinées prospères et fécondes auxquelles elle est promise cette immense France d'Afrique qui donne déjà si généreusement à l'autre les richesses de sa terre et le sang de ses hommes.

CHAPITRE II

LES POSTES ET TÉLÉGRAPHES
L'INSTRUCTION PUBLIQUE; — LA JUSTICE
L'ORGANISATION SANITAIRE

Organisation du service. — Transport du courrier à l'intérieur.
— Réseau télégraphique. — Difficultés de conservation des
lignes. — Pose d'une ligne dans la brousse. — Différentes catégories d'écoles. — Une école régionale. — Enseignement
manuel et agricole. — Écoles de village. — Enseignement des
filles. — Enseignement religieux. — Organisation judiciaire. —
Tribunaux indigènes. — Respect des coutumes et lois coraniques. — Non-adaptation des pénalités. — État sanitaire et
assistance médicale indigène.

Tous les quinze jours environ, il y a, sous le soleil
d'Afrique occidentale, une heure d'agitation
et d'émotion douce parmi les Européens : c'est
celle de l'arrivée du courrier. Nul ne la connaît
exactement, cette heure, car la pirogue ou le piéton
noir qui apporte les lettres de France a pu être
retardé par les obstacles du chemin. Mais, de village en village, on se signale son approche. On sait
que ce sera pour aujourd'hui. Dès le lever du soleil,
des impatients vont et viennent autour de la case
modeste qui sert de bureau de poste. Le postier

est obligé de répondre vingt fois à cette question :
« A quelle heure arrive le courrier ? » On rentre
chez soi pour ressortir, on est nerveux, inquiet,
incapable de faire sa besogne journalière. Enfin la
nouvelle se répand : « Le courrier est là ! » A l'entrée
du village où quelques-uns guettent, on vient de
voir déboucher à vive allure les porteurs du courrier, heureux d'être enfin à l'étape. Le pavillon
hissé sur le bâtiment de la poste n'apprend rien à
personne. A peine déposés au bureau, les sacs de
dépêches sont ouverts. Le postier, avec un zèle
d'autant plus grand qu'il y est intéressé, termine
en quelques minutes le dépouillement du courrier.
De toutes les cases un flot de gens pressés en
complet de toile blanche ou kaki s'est répandu
dans le bureau et assiège le postier qui ne sait où
donner de la tête. Bientôt, chacun s'en va, déchirant
d'un doigt fiévreux l'enveloppe de ses lettres, mar-
chant lentement pour les lire tout de suite, souriant
aux nouvelles des êtres aimés au tableau entrevu
de la maison qu'animent leurs visages et leurs voix.
Dans un instant, les rues seront vides de Blancs.
Ils sont tous chez eux à dévorer leur courrier ! Et,
l'heure d'après, tout le monde s'aborde sur cette
même question : « Eh bien, avez-vous reçu de
bonnes nouvelles ? »

Comment ne mettrait-on pas tout en œuvre pour
assurer cette heure si chère et pour faire parvenir

(32)

avec le plus de hâte et de sécurité possible aux coloniaux ces lettres qui mettent parfois tant de temps à leur arriver? Aussi, le service des Postes et Télégraphes est-il admirablement réglé en Afrique occidentale française. Dans les localités importantes, les bureaux sont souvent des constructions spacieuses et très pratiquement comprises au point de vue colonial. Le personnel blanc est secondé par des auxiliaires noirs. Comme en France, on trouve là des femmes, des jeunes filles qui sont venues vaillamment s'acquitter de leur office sous ces climats décriés. Dans l'intérieur du pays, la poste n'est, le plus souvent, qu'une humble case de banco divisée en deux parties, l'une servant de logement au postier, l'autre ouverte au public et séparée de la première par un mur où le guichet est ménagé de façon rudimentaire. Beaucoup de bureaux sont gérés par de simples commis blancs ou noirs ou même par des caporaux ou sergents d'infanterie coloniale. Ces derniers arrivent à toucher d'assez hautes payes et sont généralement enchantés de leurs fonctions dont ils s'acquittent fort bien. Je me rappelle que l'un d'eux me disait dans le petit bureau de poste aux murs nus de Port-Étienne : « Si l'on me laisse dans les postes, je rengagerai *jusqu'à la gauche.* » La contemplation du morne horizon de sable n'avait évidemment pas induit cet homme en neurasthénie. Dans les toutes petites localités, c'est souvent le facteur qui se charge tout simplement du rôle de receveur. On l'honore pour la circonstance du titre de gérant de bureau, ce qui flatte considérablement sa vanité de nègre.

Solide facteur éprouvé par quelques années de service, le « courrier convoyeur » part de Dakar, de Bassam ou de Porto Novo avec ses sacs de lettres. Ceux-ci sont transportés aussi loin qu'il se peut par chemin de fer ou bateau à vapeur. Lorsque la navigation à vapeur n'existe pas ou qu'elle est impossible, on se sert de la pirogue indigène, moyen de transport un peu inquiétant, car la fragile embarcation chavire facilement. Aussi les sacs de lettres qu'on a eu soin d'imperméabiliser sont-ils solidement attachés au fond. Mais sur les deux tiers au moins des parcours postaux de notre Afrique occidentale, le procédé le plus communément utilisé est le transport à tête d'homme. Moyennant un salaire de 1 fr. 50 par jour, les piétons sont d'ordinaire fournis volontairement par les villages. Un surveillant des lignes ou un garde de cercle les accompagne. Ces piétons sont de rudes marcheurs qui couvrent un parcours quotidien d'environ 40 kilomètres, bien qu'ils ne marchent que de jour et qu'ils portent sur leur tête une charge de 25 à 30 kilogrammes. Pendant la saison des pluies, des doubles sacs imperméables ou de petites malles en fer protègent le courrier contre les tornades. On a essayé de substituer au porteur des animaux : cheval, chameau ou bourrique. Mais les pauvres lettres si impatiemment attendues arrivaient abîmées, tordues, déchirées. Ne semblait-il pas que le souvenir des lointains absents en était atteint et attristé? On renonça à ce mode de portage. Aujourd'hui le carré de papier au timbre de France qui vient réconforter le colonial dans la brousse a presque toujours passé par une véritable chaîne de moyens de transport : paquebot, chemin de fer, vapeur, pirogue, porteur, facteur. Enfin, elle arrive!

Le facteur noir a une casquette à lettres d'argent, comme son collègue de France. Mais c'est le plus souvent à celle-ci que se réduit tout son uniforme. Naturellement, il sait lire et écrire, ce qui contribue à faire de lui un personnage parmi les siens toujours pleins de respect pour le fonctionnaire, pour l'homme qui détient une parcelle, même infime, d'autorité. La distribution de ses lettres ne lui prend guère de temps, car, aussitôt signalée l'arrivée du courrier, la plupart des Blancs, comme on l'a vu tout à l'heure, viennent chercher eux-mêmes leur correspondance au guichet. Quant aux Noirs, ils ne reçoivent guère de lettres. Mais ils ont leur poste à eux, une poste purement orale qui consiste à charger d'un nombre considérable de commissions ceux qui partent et à échanger avec ceux qu'on rencontre sur le fleuve ou dans la brousse tout ce qu'on sait des nouvelles du jour : tournées d'administrateurs, allées et venues d'Européens, mariages, naissances, décès, maladies, etc. Que de fois, sur le Niger silencieux, ai-je entendu mes laptots (mariniers noirs) jeter au passage, tout en enfonçant leur perche dans l'eau verte, quelques phrases aux Bosos et aux Somonos que nous rencontrions sur la rive ou dans des pirogues. Les autres ne manquaient jamais de répondre par un petit discours. C'était la bienvenue qu'on échangeait d'abord, puis les nouvelles. Nous étions la poste de la brousse qui passait.

Le service télégraphique est également bien organisé. Actuellement, le réseau de l'Afrique occidentale française comprend plus de 18 000 kilomètres de lignes aériennes en exploitation et deux postes de télégraphie sans fil installés à Rufisque et à Port-Étienne. Un troisième va l'être à Konakry par les soins du constructeur des deux premiers, le lieutenant Garnache, de l'artillerie coloniale. Sans doute, la stabilité des lignes est loin d'être parfaite et nous avons à déplorer chaque année, au moment de la saison des pluies et des tornades, des interruptions fâcheuses. Mais il serait injuste de rendre responsables de cette situation les constructeurs qui, tous, ont accompli leur tâche avec la plus

FONCTIONNAIRE DES POSTES ET TÉLÉGRAPHES CHARGÉ DE LA POSE D'UNE LIGNE TÉLÉGRAPHIQUE, AVEC SON MATÉRIEL ET SES PORTEURS. — CLICHÉ FORTIER.

grande conscience. Il n'en faut accuser que les causes nombreuses de destruction auxquelles les lignes télégraphiques sont exposées sur la terre d'Afrique : vastes inondations de l'hivernage; nécessité de se servir des bois trouvés sur place, en raison des frais considérables qu'entraine le transport; violence déchaînée des vents dans certaines régions; chute des arbres dans les zones forestières; mais surtout les terribles insectes xylophages qui détruisent lentement les poteaux et particulièrement les termites, ces minuscules et enragés travailleurs qui sont parvenus à détruire des navires de bois entiers dans les ports de l'Inde et qui édifient dans les savanes d'Afrique occidentale des monticules souvent plus élevés que la taille d'un homme. Il faut compter aussi avec des ennemis de proportions plus imposantes, et un fonctionnaire de l'administration chargé dernièrement de poser une ligne au delà de Tombouctou, M. Combe-Morel, a retrouvé plusieurs des poteaux plantés par lui déracinés par les éléphants. Il est donc indispensable pour donner aux lignes toute la solidité désirable, de les établir sur des appuis métalliques. Bien que la dépense occasionnée par cette transformation constitue une charge fort lourde pour le budget de nos colonies, celles-ci sont entrées résolument dans cette voie.

Ce n'est point chose aisée ni sans péril que la

pose d'une ligne télégraphique en pleine brousse. Seul Blanc de son équipe, le télégraphiste s'en va dans la direction donnée, suivi de ses porteurs chargés de fils de fer conducteurs et d'isolateurs en porcelaine. Il s'agit d'abord de se frayer un passage suffisamment large dans la brousse touffue et haute. Armés de matchetes et de hachettes, des manœuvres chargés du débroussaillement établissent une trouée de 5 à 6 mètres de largeur, tout en respectant les arbres qui peuvent servir de poteaux. Les élagages sont faits sur ces arbres et les grimpeurs n'ont plus qu'à y monter pour placer les isolateurs. Suivent bientôt les dérouleurs et les régleurs de fil. Parfois, il faut couper des poteaux sur place et les intercaler. Dans les régions non boisées ou désertiques, force est de façonner ainsi tous les appuis et d'amener souvent le bois de très loin. Souvent aussi, le télégraphiste s'engage seul ou presque seul dans une région quasi inconnue pour faire les études préliminaires du tracé d'une ligne. Plusieurs sont morts d'épuisement et de fatigue au cours de ces longues marches. D'autres se sont perdus et ont dû trouver une fin atroce au milieu de ces implacables solitudes. Saluons respectueusement leur mémoire, car c'est là un champ d'honneur comme un autre pour ceux qui vont porter au loin la civilisation.

L'Instruction publique. — L'école est assurément

le lien le plus fort entre la France et le Noir. C'est par elle qu'il apprend à connaître nos idées, qu'il arrive à plus d'hygiène et de bien-être, que son travail devient meilleur et plus profitable et qu'il nous aide mieux à rendre son pays heureux et riche. C'est en outre le meilleur moyen d'accélérer l'évolution de la société indigène. En effet, le Noir n'a pas d'écriture, partant pas d'enseignement. Au lieu de profiter de l'expérience et des acquisitions intellectuelles de celles qui l'ont précédée, chaque génération doit faire elle-même son éducation. L'arabe que tout Noir mahométan est censé avoir appris à l'école du marabout se réduit à quelques bribes du Coran mal retenues par cœur sans comprendre et n'est enseigné que comme un devoir religieux.

En 1856, Faidherbe ouvrit une école laïque à Saint-Louis. Elle resta longtemps la seule. Dès le temps de la conquête, le colonel Gallieni fondait celles de Bakel, Kayes, Médine, Bafoulabé, Kita et Bamako. Mais c'est surtout depuis la création du Gouvernement général que l'enseignement a pris en Afrique occidentale un développement remarquable. On a d'abord créé des écoles dans les grands centres afin de former quelques indigènes aux emplois de début dans l'administration et aux fonctions de chef et d'interprète. Aujourd'hui, ce sont tous les Noirs sans exception que nous voulons instruire et élever. L'exemple nous a été donné dans cette voie par les missionnaires catholiques qui, surtout au Sénégal et au Dahomey, forment de nombreux élèves. Mais, dès maintenant, l'enseignement public et laïque est définitivement organisé en Afrique occidentale française. Il est donné par des écoles de village, des écoles régionales et des écoles urbaines. Il existe en outre des établissements d'enseignement spéciaux : l'École normale de Saint-Louis qui fournit des instituteurs indigènes; l'École primaire supérieure commerciale également installée à Saint-Louis; l'École des fils de chefs à Kayes et des écoles professionnelles établies dans les principaux centres.

Entrons dans une école régionale. Construite en pierre ou en pisé, suivant la nature du sol, elle est suffisamment spacieuse et bien aérée. Un jardin l'entoure où chaque élève possède un petit carré qu'il cultive et où il fait pousser des légumes. Dès notre entrée en classe, nous sommes salués par un assourdissant « Bonjour, monsieur! » poussé en chœur par tous les élèves qui se sont levés avec ensemble à notre arrivée. Ils sont là une quarantaine d'enfants de dix à douze ans qui portent pour tout vêtement un ample *boubou* blanc laissant paraître le haut de leur poitrine menue. L'instituteur les a fait rasseoir. Derrière les pupitres de bois blanc, toutes ces têtes rondes aux cheveux rasés semblent autant de noix de coco dans les-

UNE ÉCOLE DE VILLAGE SOUS LA DIRECTION D'UN SOUS-OFFICIER
FRANÇAIS (HAUT-SÉNÉGAL-NIGER). — CLICHÉ FORTIER.

UN TRIBUNAL INDIGÈNE (SÉNÉGAL) LE CHEF DE LA PROVINCE
Y EST ASSISTÉ DE DEUX NOTABLES. — CLICHÉ FORTIER.

quelles on aurait planté deux escarboucles. Tout de suite, nous sommes surpris de l'application, du sérieux, de l'air attentif et grave de ces écoliers. « Ils sont beaucoup plus sages que les petits Français », déclare l'instituteur. C'est le moment de la leçon de langage. Le français est appris aux enfants par la méthode directe, c'est-à-dire que le maître fait sa leçon en français et rien qu'en français. Des tableaux coloriés sont pendus aux murs, représentant des animaux, des plantes, des objets de tout genre. L'instituteur en montre un du doigt, puis il interpelle un de ses élèves : « Bakari, lève-toi. » Un négrillon à mine éveillée se lève, les bras croisés. « Qu'est-ce que représente ce tableau? demande le maître. — Ce ta-bleau re-pré-sen-te un mou-ton, répond Bakari, en détachant et scandant lentement les syllabes. — Combien un mouton a-t-il de pattes? — Un mou-ton a qua-tre pat-tes. » Et la leçon se poursuit dans la classe paisible aux volets bien clos contre l'accablante chaleur du dehors.

Il y a environ 150 de ces écoles rentrant dans les trois catégories indiquées plus haut. On envoie dans les écoles régionales les meilleurs élèves des écoles de village. Dans les écoles urbaines, le programme est analogue à celui de nos écoles de France. Disons-le nettement, cette analogie est une erreur. C'est un méfait de plus à l'actif de la néfaste théorie de l'assimilation. Pourquoi traiter en élève ordinaire, prêt à recevoir un enseignement complet, ce rejeton encore barbare, cette petite pousse sauvage de la brousse qui ignore tout de notre civilisation? N'a-t-on pas suffisamment à faire avec l'enseignement de la langue française, la lecture, l'écriture, un peu de calcul? La diffusion de notre langue, son maniement aisé par l'indigène, doit être notre but principal. C'est par la propagation du français parlé plus encore qu'écrit que nous verrons grandir notre influence. Mais, hélas! nous avons apporté là-bas nos habitudes de programmes compliqués et étroits. L'esprit pédagogique — qui se confond trop souvent avec l'esprit pédant — se complait aux difficultés orthographiques, aux beautés de l'analyse grammaticale. Il est passé de l'instituteur blanc au moniteur noir, car le Noir s'attache de préférence à tout ce qui est compliqué et oiseux. C'est pitié vraiment de voir un négrillon se débattre péniblement au tableau noir avec la dissection d'une phrase pleine d'incidentes dont il ne comprend même pas le sens. Le maître voue aussi trop d'attachement personnel aux extractions de racine carrée et aux preuves par neuf. Et il y a des classes de dessin, d'histoire, de géographie! Temps perdu que tout cela et sûr moyen de rebuter un élève docile et plein de bonne volonté.

On pourrait si utilement porter l'effort sur un autre point! Quel est, avec la diffusion de la langue française, le mode le plus efficace pour faire progresser nos possessions d'Afrique occidentale? C'est la mise en valeur du pays, le développement intense de l'agriculture. Faisons donc de cet écolier noir un agriculteur. Je sais bien que dans les écoles de village et régionales, une part est donnée aux travaux manuels et à l'apprentissage de l'agriculture, mais cette part n'est pas suffisante. Il faut la rendre plus vivante et donner davantage à l'enseignement pratique. Rien de meilleur à cet égard que le voisinage d'une exploitation agricole, avec facilité pour les élèves de s'y livrer à la culture. J'ai été très vivement intéressé par l'école jointe à la station agronomique de Koulikoro que dirige avec beaucoup d'intelligence et de zèle M. Houard, agent de culture. M. Mongit, instituteur à Kouroussa, en Guinée, a eu l'excellente idée de faire mettre en pleine culture par ses élèves tout un coin de terre voisin de son école. Les petits Malinkés y travaillent avec ardeur. Leur maître leur a également appris à récolter le caoutchouc, à saigner soigneusement la liane sans l'épuiser, et c'est avec le produit de cette récolte qu'ils paient les hôtes chez qui ils se trouvent en pension.

« Ma tâche, me disait excellemment M. Mongit, est moins d'instruire les petits indigènes que de les éduquer, éduquer moralement, éduquer manuellement. En France, l'instruction dispensée dans les écoles primaires se double tout naturellement de l'éducation par la famille, par le contact journalier avec une société formée, avancée. Ici, rien de semblable : point de prédisposition atavique, point de noyau entraineur d'indigènes déjà façonnés, civilisés, développés. Toute l'éducation de la masse est à faire depuis le début : apprentissage d'une vie plus confortable, plus hygiénique, premières tentatives d'activité intellectuelle à encourager, et surtout éducation manuelle, formation de corps de métier. En face de cette tâche que faisons-nous? Nous donnons à 1 enfant sur 1000 des connaissances en lecture, écriture, arithmétique, géographie, suivant des méthodes excellentes sans doute, propres à inculquer rapidement ces connaissances. Le résultat est insignifiant cependant. Quant à l'éducation manuelle, bien qu'acceptée en principe, elle n'existe encore qu'à l'état embryonnaire. Mettre l'enfant déjà robuste en plein champ, en face de la terre vierge, lui apprendre à utiliser les bœufs à demi sauvages du pays, à tracer un sillon le plus simple possible, à cultiver des plantes utiles, voilà la chose par excellence à faire et si facilement réalisable. Ce faisant, au lieu d'obtenir de jeunes Noirs remplis de suffisance pour le peu qu'ils ont appris, détachés de la vie rude et simple des champs, nous créerions une main-d'œuvre adroite et avisée, nous satisferions les tendances et les goûts des indigènes, amis de leur sol qu'ils ne demandent rien tant qu'à cultiver au mieux de leurs intérêts. »

Rien de plus juste. On pourrait être sûr, en outre, que l'indigène nous saurait gré de cet enseignement utilitaire qu'il comprendrait, qu'il apprécierait et dont il vérifierait en peu de temps les excellents résultats. Ce serait une étape précieuse vers la confiance, due à une éducation rationnelle, simple, adaptée au milieu, aux besoins et correspondant à cette vraie et seule formule de colonisation : développer les indigènes dans le plan de leur propre civilisation. Combien pourtant il reste à faire dans cette voie! En Guinée, par exemple, où l'inspecteur des écoles, M. Lallement, a composé d'excellents programmes, il n'existe que deux ou trois ateliers de menuiserie et d'ajustage, et l'enseignement y est beaucoup trop pédagogique. De fermes-écoles, néant. Et cependant, dans la Haute-Guinée si fertile, combien l'éducation agricole serait utile!

En ce moment, heureusement, la tendance du Gouvernement général va vers la simplification des programmes et des méthodes, notamment pour les écoles de village. On cherche de même à augmenter considérablement le nombre de celles-ci. C'est par elles, en effet, que nous parviendrons à éduquer la masse des Noirs. Aussi s'occupe-t-on activement d'en augmenter le nombre. C'est tout juste s'il y a maintenant en Afrique occidentale française 10 000 écoliers noirs. Qu'est ce chiffre, si l'on pense aux 800 000 enfants qui continuent à pousser dans la brousse avec la paresse et l'ignorance de leurs ancêtres? Malheureusement, nous nous trouvons en présence d'une terrible difficulté : si les élèves sont nombreux, les maîtres manquent. Songez qu'il n'existe pour l'immense empire représenté par l'Afrique occidentale française que 230 instituteurs dont 144 seulement européens! Animés généralement des meilleures intentions, ces derniers n'ont pas toujours été préparés par leur formation intellectuelle à une tâche aussi spéciale et aussi délicate que l'enseignement des petits Noirs. Trop souvent, ils pèchent par un esprit livresque, par un manque de sentiment critique, par une méconnaissance parfois absolue de la mentalité indigène. Mais, du moins, connaissent-ils un peu le métier d'instruire, ce qui manque totalement aux maîtres improvisés des écoles de village. En raison de la pénurie où l'on se trouve, force est de recruter ceux-ci parmi les commis des Affaires indigènes ou les caporaux et soldats d'infanterie et d'artillerie coloniale. On voit l'embarras de ces magisters malgré eux laissés sans direction, sans guide, dans leur classe rustiquement installée dans une case en banco. Heureusement, le gouverneur général, M. Merlaud-Ponty, s'est occupé de venir à leur secours et a fait rédiger à leur usage le *Livre du maître africain.*

Il a également comblé une grave lacune, en munissant les écoliers noirs de livres composés spécialement pour eux et s'adaptant convenablement à une mentalité qui ressemble si peu à celle de l'élève français. Un livre unique des connaissances indispensables et un livre de lecture courante constituent pour les négrillons des villages un bagage largement suffisant. Peut-être le maître devra-t-il y ajouter, en lisant quelquefois en classe, à titre de récréation, des récits bien choisis de notre histoire. Il faut que le Noir sache que la nation qui s'est installée en maîtresse au milieu de ses savanes et de ses forêts est plus forte, plus puissante, plus glorieuse que ses maîtres d'autrefois. Rien ne l'édifiera mieux à ce sujet que les beaux faits d'armes des guerres de Louis XIV, de la République, de Napoléon et aussi de cette rude série de combats qui se sont déroulés dans son pays même, depuis la belle défense de Paul Holl et du sergent Desplats dans Médine jusqu'aux sanglants assauts d'hier en Mauritanie.

Nous avons parlé des moniteurs noirs appelés à seconder les instituteurs et à diriger, au besoin, une école de village. Que valent ces collaborateurs ? Ils ont eux aussi bien des progrès à réaliser. Leurs connaissances, mal comprises, mal digérées, sont toutes de surface. De l'enseignement qu'on leur a donné à l'École normale de Saint-Louis ils n'ont retenu que des formules creuses et ils s'y sont attachés en raison de leur étrangeté ou de leur complication. En eux, la marque d'esprit du fétichiste, puérile et barbare, reste indélébile. On m'a raconté l'histoire suivante. Un jour, un moniteur noir exposait les mouvements de la terre et du soleil. C'était une récitation impeccable où seule la mémoire entrait en jeu. « Es-tu bien sûr de ce que tu dis? lui demanda un Blanc. — Eh! répondit-il avec un sourire malin, c'est ça que je dois enseigner. Mais pour mon compte, je sais bien que le soleil court après la lune pour la manger. »

On trouve également en Afrique occidentale française un petit commencement d'enseignement des filles. Parfois on leur réserve dans les écoles une pièce séparée où on les initie à la couture, au blanchissage, au repassage, à la cuisine. Elles apprennent le français, la lecture et l'écriture avec les garçons. Pour elles on a installé dans plusieurs centres et notamment à Ségou une école ménagère où elles sont pensionnaires. Bien amusante à voir, cette classe de fillettes où voisinent les races et les coiffures différentes et où de petites mulâtresses aux cheveux parfois cocassement blonds tranchent sur le fond noir de leurs camarades. Leur dortoir se compose tout simplement d'une suite de nattes. Sur une étagère, chacune a rangé son pagne et son

FEMMES ATTENDANT LA CONSULTATION AU DISPENSAIRE D'ABOMEY (DAHOMEY). LES INDIGÈNES VIENNENT EN GRAND NOMBRE AUX CONSULTATIONS DE L'ASSISTANCE MÉDICALE. — CLICHÉ FORTIER.

LA COUR DE L'ÉCOLE RÉGIONALE DE GARÇONS A SÉGOU.
CLICHÉ SPITZ.

boubou des dimanches et aussi une boîte où elle serre tous les menus objets qui constituent son trésor de gamine : morceaux d'étoffe, bracelets de corail, colliers de perles, boutons, images, etc. Toutes gardent jalousement un morceau de bois entouré de vieux chiffons : c'est une poupée!

A côté de l'enseignement laïque, il y a pour les deux sexes l'enseignement religieux donné par le marabout. Il consiste à faire apprendre par cœur aux enfants des versets du Coran dont ils ne comprennent pas un mot. Tous les répètent en chœur. Quand, dans une rue d'Afrique occidentale, vous entendez un ensemble de petites voix criardes hachant une même phrase sur un rythme chantant, c'est que vous passez auprès de la case d'un marabout. L'administration française favorise et protège cet enseignement religieux qu'elle a même introduit dans ses écoles. Nous avons fait plus encore, en fondant à Djenné une medersa ou Faculté où des professeurs arabes venus d'Algérie enseignent la théologie, l'histoire et le droit musulman. Son opportunité est discutable et nous y reviendrons en étudiant la société indigène. En tout cas il y a injustice et peut-être imprudence à favoriser uniquement l'Islam et il faudrait établir aussi un cours de droit coutumier pour les jeunes fétichistes élèves de nos écoles et appelés plus tard à exercer quelque influence sur les leurs?

La Justice. — Notre déplorable goût d'assimilation ne nous a pas seulement desservis dans notre conception de l'école. Il s'est rendu coupable d'une organisation judiciaire beaucoup trop calquée sur celle de la métropole. Sans doute, tout était à faire dans cette voie, quand nous sommes arrivés en Afrique occidentale. Ni les coutumes fétichistes, ni la législation musulmane n'avaient rien établi de cohérent et de durable. L'épreuve judiciaire était de pratique courante et revêtait les formes les plus grossières. Elle n'était pas toujours inoffensive, celle du poison notamment. La croyance aux sorciers amenait les juges aux décisions les plus injustes et les plus monstrueuses. La vénalité, l'arbitraire et la superstition dominaient tous les jugements. Chez les Habbés du Macina, le *hogron* et le *tagam* prononçaient surtout sur les cas de sorcellerie. Les Foulbé du Yatenga, riches de troupeaux, n'étaient jamais jugés. Dans le Fouta-Djallon, les almamys se prononçaient régulièrement en faveur du plus offrant et s'en faisaient une ressource normale. Au Dahomey, on appliquait la question. Au Mossi, où le *moro naba* était juge sans appel, l'homme adultère était assommé par le mari et la femme revenait au *moro naba*. D'une manière générale, tous les délits et la plupart des crimes se payaient en argent et servaient de prétextes à des amendes qui étaient pour les chefs une source incessante de revenus. Atrocement barbares, les autres peines consistaient souvent dans l'amputation d'une main, d'une oreille, du nez, dans l'extraction d'un œil.

A cette anarchie africaine nous avons substitué un imposant édifice amené d'Europe de toutes pièces. Maintenant la justice est rendue en Afrique occidentale française par une Cour d'appel, des Cours d'assises, des tribunaux de première instance, des justices de paix à compétence étendue et des tribunaux indigènes. En matière civile et commerciale, les juges de paix à compétence étendue connaissent dans leur ressort de toutes les affaires dans lesquelles sont intéressés des Européens. Dans ce cas, la loi française est toujours appliquée, alors même qu'il y a des indigènes en cause. En toute matière, ces derniers peuvent réclamer le bénéfice de la juridiction française. Lorsque les parties sont d'accord pour saisir les tribunaux d'un différend, il leur est fait application des usages et coutumes du pays, à moins qu'elles n'aient déclaré vouloir user de la législation française. Au-dessus de tout cet édifice, on a institué une Chambre d'homologation qui siège à Dakar et qui est plus gênante qu'utile.

Cette organisation a le tort d'employer beaucoup trop le système français, la loi française. Il en résulte un manque d'accommodation avec les mœurs du pays qui saute aux yeux. Sans doute, on a fait une part aux tribunaux et aux juges indigènes. Le chef de village est investi de pouvoirs de conciliation. Il statue sur les contraventions. Au chef-lieu de chaque province, siège un tribunal composé du chef de province assisté de deux notables. On trouve également deux notables au tribunal de cercle que préside l'administrateur. Mais cette conception d'un système judiciaire a le tort d'introduire dans des colonies neuves, au milieu de populations difficiles à bien pénétrer et à bien comprendre, un nombre trop respectable de magistrats fort ignorants des mœurs, des coutumes, des habitudes du pays et imprégnés, sans espoir de retour, du formalisme des Cours françaises. Comment demander à des magistrats de se dépouiller de la forme, de cette forme sacro-sainte qui constitue si souvent pour eux toute la justice?

Pourquoi n'avoir pas fait l'administrateur seul représentant de la justice européenne vis-à-vis des Noirs? Pourquoi n'avoir pas laissé à la justice indigène plus d'indépendance? Imiter les Anglais sur ce point eût été sagesse. D'ailleurs, ces juges noirs n'ont plus rien de farouche dans leur extérieur aussi bien que dans leurs arrêts. Tenant souvent ses séances au dehors, à l'ombre des fromagers géants ou parmi les troncs grêles des rôniers, le tribunal indigène a un air patriarcal qui rappelle la justice rendue sous un chêne, aux temps légendaires de l'histoire d'Europe. Les magistrats y observent un maintien plein de dignité et une lenteur solennelle qui leur fait accumuler palabre sur palabre et prolonge les séances interminablement. Qui aurait cru que notre justice aux pieds si peu rapides en trouverait une moins expéditive encore?

Si l'on a introduit dans l'ordre judiciaire trop de choses d'Europe, on a eu du moins le souci de tenir compte des prescriptions plus ou moins dénaturées par l'usage, de la loi coranique pour les musulmans et des coutumes pour les fétichistes. Dans ses *Instructions aux administrateurs*, M. Roume disait très justement : « Vous devez étudier avec la plus grande attention les cas d'application des coutumes indigènes. » Il n'y en a pas moins désaccord complet entre l'institution et le milieu. Dans ces pays habitués à une justice simple, expéditive, n'en comprenant pas d'autre, ne valait-il pas mieux se passer de ces lenteurs, de ces degrés, de ces délais, de tout ce maquis de procédure qui fait déjà tant pester le plaideur dans la métropole? Le Noir n'y comprend rien, mais toute cette organisation, dont il n'aperçoit pas les rouages, l'effraie. Il a, en particulier, une salutaire frayeur de l'appel et ne s'explique pas la contradiction fréquente de ses jugements avec les jugements de première instance. « *Petit tribunal y a bon*, dit-il, *grand tribunal y a pas bon.* » C'est à la suite d'une contradiction de ce genre qui le ruinait, qu'un commerçant noir de Dakar a fait feu sur les membres de la Cour et s'est fait justice ensuite. Les indigènes ne s'étonnent pas moins du temps prolongé qui s'écoule entre le crime et le châtiment, et, comme leurs impressions toujours superficielles s'effacent vite, ils finissent par oublier que ce crime a été commis, et sont tout saisis quand le châtiment arrive. On m'a dit plus d'une fois à mon arrivée dans un centre : « Vous voyez cet homme, ce prisonnier qu'on a envoyé avec les autres, chercher vos bagages, eh bien, c'est un condamné à mort. Voilà dix-huit mois qu'il attend pour savoir s'il sera exécuté. On le laisse circuler à peu près librement dans le pays. Il rend de petits services à l'administrateur et aux autres. C'est un brave homme très serviable. » Une autre erreur a été commise dans le choix des pénalités, toutes exactement copiées sur celles qu'édicte notre Code. Le Noir se moque de la prison qu'il trouve fort douce et où il passe ses jours dans une molle oisiveté, flânant quotidiennement quelques heures par la ville ou le village, sous prétexte d'une main-d'œuvre quasi illusoire. Et que dire de la procédure, autre émanation directe de nos lois? A la voir transportée sous le chaud soleil tropical on éprouve un sentiment presque aussi étrange que si l'on rencontrait un nègre du Soudan ou de la Côte d'Ivoire affublé d'une toque et d'une toge de magistrat.

L'État sanitaire et l'Assistance médicale indigène. — Il n'y a pas encore bien longtemps que les brûlantes régions qui constituent aujourd'hui notre Afrique occidentale avaient dans l'opinion publique une détestable réputation. « Terre de mort ! » disait-on en parlant du Sénégal ou de la Côte d'Ivoire. La fièvre jaune dévastait Saint-Louis. Grand-Bassam passait, sans trop d'exagération, pour une ville où l'on ne trouvait que des cimetières. Ces temps d'alarmes sombres sont loin de nous. Aujourd'hui, l'état sanitaire de nos agglomérations du Sénégal, du Niger et du golfe de Bénin est des plus rassurants. Les postes nouveaux grandissent dans d'irréprochables conditions d'hygiène.

Partout, des mesures antilarvaires sont exécutées avec le plus grand soin. Partout, on donne la chasse à l'anophèle, on se barricade contre ce véhicule envahissant du paludisme. Partout, le terrible stégomyia propagateur de la fièvre jaune trouverait des médecins expérimentés et des populations capables de se protéger. Je n'en veux pour exemple que la défense de Bamako, en 1906, contre le fléau meurtrier, défense que dirigea avec beaucoup d'habileté et de dévouement un médecin des troupes coloniales, le Dr Bouffard. En même temps qu'il multipliait les équipes sanitaires chargées de détruire les gîtes à larves, il guidait en personne la chasse aux eaux stagnantes. Lorsque arrivait le soir, l'heure périlleuse qui ramène le stegomyia, la population européenne passait le fleuve et allait occuper des campements provisoires édifiés en face de la ville sur un petit plateau inhabité. Ceux qui ne pouvaient quitter Bamako s'isolaient, du coucher du soleil au lendemain, dans des pièces grillagées. Il était bien recommandé de n'emballer les provisions et de ne clouer les caisses que de jour, afin d'éviter de véhiculer des moustiques infectés. Le résultat fut décisif : entre tous les groupements européens importants, la capitale du Haut-Sénégal-Niger fut le seul à ne compter qu'un cas unique de fièvre jaune, preuve évidente qu'il est possible de se prémunir méthodiquement contre l'épidémie. Rufisque, dévastée à plusieurs reprises par de terribles épidémies, possède maintenant l'hygiène raffinée et le confort sanitaire d'une ville extra-moderne. Konakry, jadis hantée par de harcelantes légions de moustiques, est devenu un modèle de cité coloniale par l'inspection rigoureuse des rues et des locaux, la destruction des foyers d'infection, les mesures prophylactiques de tout genre. Un modèle aussi, son hôpital merveilleusement aménagé et muni de l'outillage le plus complet.

Si le fantôme de la fièvre jaune paraît s'être enfui, un mal qui fait heureusement moins de victimes, mais n'est pas moins implacable, la maladie du sommeil, sévit dans certaines régions de l'Afrique occidentale française. Le Blanc en est parfois atteint, mais c'est surtout le Noir qui subit la mortelle piqûre de la terrible mouche tsé-tsé, dévastatrice des troupeaux et tueuse d'hommes. Déjà la lutte est engagée contre le mal mystérieux. Un laboratoire de bactériologie dirigé par le Dʳ Bouffard a été installé dans ce but à Bamako. On pousse également à l'hôpital de Saint-Louis d'actives et laborieuses études à la recherche du remède. Le Dʳ Thiroux, médecin des troupes coloniales, a déjà obtenu des résultats encourageants par l'emploi de l'orpiment. Dans le faubourg de Sor, enfoui sous la verdure, tout proche de la coquette capitale du Sénégal, on a construit pour les Noirs atteints par la contagion, un village établi sur le modèle de tous les villages nègres. Bien curieux à voir, cet amas de cases où des hommes, des femmes, des enfants, vivant de la même vie indolente et résignée, attendent patiemment, dans l'insouciance silencieuse, une improbable et lointaine guérison.

C'est que le Noir ne s'effraie guère devant la mort. Il est si habitué depuis des siècles à la voir frapper autour de lui! Voilà pourquoi il faut applaudir à la création de l'Assistance médicale indigène et souhaiter ardemment son extension. Par elle, la mortalité indigène, la mortalité infantile surtout, si effroyable autrefois, est considérablement diminuée. Les médecins civils attachés à ce service comprennent, pour la plupart, toute l'importance du rôle qui leur est confié. Ils accomplissent de fréquentes tournées de vaccination dans la brousse. Pour les suppléer au besoin, ils forment des vaccinateurs indigènes. Dans les principaux centres, on a installé des dispensaires fort bien tenus et très fréquentés par les indigènes qui, perdant leur méfiance primitive, commencent à se persuader peu à peu du pouvoir guérisseur du *doquetor*.

Mais, hélas! trop souvent l'Administration, économe par force et encore mal pourvue, réduit, au point de vue des fournitures, le si utile dispensaire à la portion congrue. C'est ainsi qu'en Guinée les médecins de l'Assistance indigène ne se voient ouvrir pour leur provision de pansements, charpie, coton hydrophile, etc., qu'un crédit annuel de 50 francs par an! On s'explique leurs réclamations. Mais ceci ne peut manquer de s'améliorer avec le développement normal de la colonie. Ce qu'il faut constater surtout, c'est la victoire obtenue sur presque tous les points par la lutte énergiquement menée contre la variole. Sur cinq colonies d'Afrique occidentale, quatre sont aujourd'hui pourvues de centres vaccinogènes qui leur fournissent du vaccin à volonté. On a résolu le problème du transport de la lymphe active et l'on est parvenu à la faire revivre aux distances les plus lointaines. L'indigène n'a plus peur du coup de lancette. Je me souviens d'avoir vu défiler, un jour de vaccination, toute la population de Saraféré, près de Tombouctou : les Peuhls, puis les Sonraï, puis les Mossi, puis toute une foule qui attendait tranquillement, rangée en bon ordre et causant à voix basse, hommes drapés dans de grands boubous de toile blancs ou bleus, femmes aux cheveux édifiés en boules, relevés en grosse touffe ou tordus en tresses épaisses serpentant bizarrement autour de la tête, petits enfants tout nus au ventre en pointe tendu comme un tambour. Le docteur, en casque et pyjama, piquait, piquait sans cesse. Et, dans d'autres coins de la brousse, partout, sur la surface du vaste domaine français, ses confrères distribuaient aussi la piqûre préservatrice, car, d'après les dernières statistiques, le nombre des vaccinations pratiquées en Afrique occidentale est passé de 22 300 en 1905, à plus de 350 000 en 1911. Quel écart formidable en six ans. Quel triomphe sur la maladie et la mort !

CHAPITRE III

L'ORGANISATION MILITAIRE
LES TROUPES NOIRES

Un camp de tirailleurs. — Répartition de nos forces militaires en Afrique occidentale. — Qualités militaires du Noir. — L'assaut de Djenné. — Traits de bravoure, de dévouement et de fidélité. — Tankary Taraoré. — Attachement aux chefs. — L'instruction militaire. — Le sergent Samba Taraoré et le caporal Kouby Keïta à Zinder. — Vie en ménage du tirailleur. — Les spahis. — Ressources en hommes de l'Afrique occidentale française. — Le recrutement. — La force noire. — Partisans maures et méharistes touareg.

DE coquets jardins où éclatent d'ardentes fleurs jaunes ou écarlates, d'épaisses et lourdes constructions rougeâtres en *banco* (boue séchée), des chemins ombreux et pleins de silence au pied de hautes pentes rocheuses piquées de verdoyants buissons, c'est Kati, le centre militaire du Soudan, la ville des soldats, qui s'élève à quelques kilomètres seulement de Bamako, la ville des administrateurs et des commerçants. Une sonnerie de clairon traverse l'atmosphère immobile et chaude. Laissons-nous guider par elle et nous arriverons au camp des tirailleurs. Au-dessus du feuillage sombre des bouquets d'arbres, un drapeau tricolore apparaît, affaissé dans l'air sans haleine. Puis voici le mur d'enceinte et l'entrée, devant laquelle se tient, l'arme au pied, un grand gaillard au teint d'ébène vêtu d'un uniforme bleu foncé et coiffé d'une chéchia au joyeux ton rouge vif. Dès les premiers pas, nous voyons que ce camp a toutes les apparences d'un village indigène. Il est formé d'une série de cases rondes de banco coiffées d'un toit pointu de chaume, irréprochablement alignées et toutes de modèle uniforme. Aux alentours de ces cases, des femmes, leur torse de bronze à nu, pilent rythmiquement le couscous familial dans de grands mortiers de bois. D'autres, drapées dans leur boubou blanc ou bleu, causent par groupes, fument leur pipe ou font la cuisine en plein air. De petits enfants à gros ventre courent, tout nus, parmi les poules, les pintades, les moutons à laine ou à poil. Mais le caractère militaire se retrouve à la vue des tirailleurs, grands et solides Noirs, de race Bambara pour la plupart, qui vont, viennent, se rassemblent, les uns équipés pour le service de garde, portant la vareuse bleue bordée de jaune autour de l'échancrure du cou, le pantalon de même couleur un peu étriqué serré autour de la jambe par des bandes de toile d'une blancheur immaculée, la sandale laissant le dessus du pied à nu, la baïonnette Lebel au côté; les autres en tenue d'exercice ou de corvée en toile kaki ou gros bleu.

D'autres encore ont profité d'un moment de loisir pour se mettre à l'aise et sont accroupis silencieusement, la poitrine nue ou couverte d'un tricot rayé de blanc et bleu, tandis que des fantaisistes se dandinent nonchalamment, les jambes passées, de façon peu réglementaire, dans un pantalon indigène vaste et flottant. Sur un large espace découvert en avant des cases, un caporal fait manœuvrer des recrues et lance d'une voix sonore ses commandements en français. Tous ces hommes vivent là en famille, avec leurs femmes et leurs enfants. Les cases sont généralement occupées par deux couples. Les célibataires sont logés dans d'autres cases par groupes de cinq ou six. Ils prennent presque toujours pension dans un ménage où ils vont manger le couscous deux fois par jour. Mais, tandis que nous flânons parmi tous ces visages d'encre, insouciants et gais sous l'écarlate flambante de la chéchia, voici que l'un d'eux s'illumine d'un bon sourire, en même temps qu'une voix au timbre enfantin nous dit : « Bonjou, moussié. »

Nous reconnaissons un ancien boy, transformé par sa tenue militaire, son attitude raidie et les habitudes de sa nouvelle profession.

« Comment, Moussa, c'est toi ! Content faire tirailleur ?

— Oui, moussié, moi y a bien content.

Toujours la même, cette réponse. Soldat dans l'âme, le Noir de notre Afrique française adore le métier des armes et ne s'y plaint jamais de son sort. Les recrues ne nous manqueront pas pour alimenter là-bas nos troupes indigènes. Et la plupart de ces recrues vieilliront à notre service jusqu'à devenir des vétérans. Des camps comme celui que nous venons de voir ne sont pas rares au Sénégal ou au Soudan. Ce sont de fécondes pépinières où l'on puise sans relâche les braves gens toujours prêts à aller combattre pour nous, ceux qui ont vaincu Ahmadou, pris Samory, abattu Rabah, ceux qui demain peut-être aideront nos régiments à défendre contre l'ennemi d'Europe le sol de la mère patrie envahi ou menacé.

L'Afrique occidentale est un réservoir d'hommes inépuisable. Quelles sont actuellement les unités qui y composent nos forces? Le haut commandement comprend un général de brigade résidant à Dakar et commandant la brigade mobile de l'Afrique occidentale, un colonel chargé de la défense de Dakar, un chef de bataillon à la tête du détachement de la Guinée et un autre à la tête du bataillon de la Côte d'Ivoire. Il faut leur joindre les officiers supérieurs commandants de territoires militaires. Les troupes dépendant du Gouvernement général sont, en principe, composées et stationnées de la manière suivante : le groupe de la défense

ARTILLERIE INDIGÈNE DÉFILANT A DAKAR. LE 6e RÉGIMENT D'AR-
TILLERIE COLONIALE EST COMPOSÉ MI-PARTIE DE NOIRS ET DE
BLANCS.

BATAILLON DE TIRAILLEURS SÉNÉGALAIS PARTANT DE KATI POUR
UNE COLONNE DE GUERRE. — CLICHÉS FORTIER.

de Dakar comprend un bataillon d'infanterie coloniale dont la plus grande partie tient garnison à Saint-Louis; le 4e régiment de tirailleurs sénégalais; le 6e régiment d'artillerie coloniale composé mi-partie de Blancs et de Noirs; une compagnie indigène d'ouvriers d'artillerie et une section indigène du génie. L'ensemble des colonies du Sénégal et du Haut-Sénégal-Niger comprend trois régiments de tirailleurs sénégalais, un groupe de trois batteries de montagne du 6e régiment d'artillerie coloniale, un détachement d'ouvriers d'artillerie et l'escadron de spahis sénégalais qui tient garnison à Saint-Louis. On a constitué en outre des bataillons de tirailleurs formant corps qui sont stationnés en Guinée, à la Côte d'Ivoire et dans les territoires militaires de Tombouctou et de Zinder.

Mais cette organisation de principe est sujette à de fréquentes modifications, en raison des circonstances politiques et des nécessités locales. En 1907 et 1908, il a fallu créer deux bataillons nouveaux au Congo et envoyer deux bataillons au Maroc. En outre, à la suite du patriotique et si intéressant projet de M. le lieutenant-colonel Mangin qui augmente considérablement le chiffre des troupes noires et les appelle à concourir à la défense nationale, une loi de finances de 1910 a commencé la création d'un nouveau corps de vingt mille tirailleurs sénégalais stationné par moitié en Afrique occidentale et en Algérie-Tunisie. Un premier bataillon a été envoyé en Algérie en 1910. Il y tient garnison et deux nouveaux bataillons sont prêts à le rejoindre et à former avec lui un régiment. Pourtant, on diffère encore l'exécution de cette mesure en raison de difficultés qui se sont élevées entre tirailleurs et indigènes algériens.

Comme on le voit, nos troupes d'Afrique occidentale sont presque exclusivement composées de Noirs. Les Blancs ne forment guère qu'un noyau en perpétuelle désagrégation, d'où l'on détache sans cesse des sous-officiers, des caporaux et des hommes pour remplir les fonctions militaires ou administratives les plus diverses. Admirablement organisé pour la guerre, le nègre y a été employé de tout temps par ceux qui ont été ses maîtres. Il a combattu pour les Pharaons en Égypte et pour les califes arabes, aux premiers siècles de l'Islam, dans le nord de l'Afrique et en Espagne. Au Maroc, les gardes noires ont constitué l'élite de l'armée impériale, depuis les temps lointains de la dynastie des Almoravides jusqu'à la bataille d'Isly. Bonaparte, puis Méhémet-Ali employèrent avec succès les soldats nègres en Égypte. Et ils ont fait encore merveille, ces nègres, dans les rangs de nos turcos à Sébastopol, à Solférino, au Mexique, à Wissembourg, à Frœschwiller. Brave, portant au cœur le mépris de la mort, le Noir d'Afrique est en outre merveilleusement approprié au métier militaire par sa mentalité passive, docile, qui le soumet d'instinct aux volontés du maître et qu'il tient d'une société très hiérarchisée où le captif accepte depuis des siècles sans récriminer la volonté du chef de case et où jamais aucune plainte ne s'est élevée contre les exigences si souvent tyranniques des almamys, des famas, des nabas.

Des corps de tirailleurs il faut rapprocher les milices locales. Vêtu sur le modèle du tirailleur, avec une simple différence dans la couleur de la chéchia et les passementeries de la vareuse, le milicien vit comme lui dans un camp, fait les mêmes exercices, reste d'une manière permanente à la disposition de ses chefs. Mais ici, c'est l'autorité locale qui dispose de lui. Le milicien, levé, instruit et payé à l'instar du tirailleur, est une charge du budget local pour la colonie. Seulement, il reste affecté à sa défense, à sa police et ne peut être déplacé. Pour des raisons d'économie sur le budget de la Guerre, il y avait dernièrement une tendance à substituer de plus en plus le milicien au tirailleur. L'adoption du projet de M. le lieutenant-colonel Mangin va forcément modifier cette tendance.

C'est en 1823 qu'ont été levés nos premiers soldats sénégalais. Ils formaient alors tout juste une compagnie. Leur nombre s'est augmenté peu à peu et à mesure qu'il grandissait, notre empire africain grandissait avec lui. C'est à ces humbles soldats de couleur aux âmes enfantines, à ces primitifs jusque-là voués à la misère et à l'esclavage que nous devons la conquête d'un territoire plus vaste que l'Europe et peuplé de 20 millions d'habitants. Et combien sont-ils à cette heure pour le garder? 13 000 à peine, tous Africains, tous Noirs, car dans toutes nos possessions de l'Afrique occidentale et du Congo-Tchad, il n'existe comme troupe européenne que le seul bataillon d'infanterie coloniale de Dakar chargé de la défense de ce point d'appui de la flotte. Toutes les étapes de la lutte longue et meurtrière que la France a entreprise sur les rives du Niger, à la Côte d'Ivoire, au Dahomey, au Tchad, pour la constitution de son empire, ont été marquées du sang généreux de nos volontaires Bambaras ou Toucouleurs, portant leur orgueil de soldats français avec la même crânerie que leur chéchia écarlate. Et pourtant ces adversaires n'étaient pas à dédaigner, qui s'appelaient El-Hadj Omar, Samory, Babemba, Béhanzin, Ma el-Aïnin, qui traînaient après eux des bandes de sofas ou de talibés, se dérobaient savamment aux poursuites et, détruisant autour d'eux villages et récoltes, infligeaient à nos troupes de si cruelles privations. Combien il fallait d'ardeur, d'audace et de persévérance dans l'attaque de ces villages entourés d'un mur d'enceinte, le *tata*, qu'on devait franchir sous un feu bien ajusté, pour lutter ensuite pied à pied pendant des heures dans les ruelles tortueuses, pleines de surprises et de pièges, où les coups de feu pleuvaient de toutes les cases, où des défenseurs bien abrités tiraient sans relâche, pendant que les femmes et les enfants rechargeaient les armes et où, souvent, le chef vaincu se faisait sauter finalement avec sa famille et ses derniers combattants! Plus fréquentes qu'on ne pense furent ces petites Saragosses africaines où se manifestèrent avec éclat l'intrépidité, l'énergie et le dévouement de nos tirailleurs sénégalais.

Quiconque les a vus à l'œuvre sur le champ de bataille ou en colonne ne tarit pas d'éloges sur leur compte. Il en est de même des écrivains militaires les plus écoutés. Lisez plutôt ce que dit d'eux le général Langlois : « La race nègre tire ses qualités guerrières de son *hérédité*, parce que, aussi loin que nous pouvons remonter dans l'histoire, l'état de guerre est normal en Afrique ; — de son *état social* qui lui enseigne la discipline ; — des dures conditions de son *existence* qui la rendent endurante ; — de son *insouciance* qui la fait tenace dans les luttes prolongées caractéristiques des batailles modernes ; — de son *tempérament* sanguin et fataliste qui la rend terrible dans le choc. » Et voici maintenant ce que dit de nos fantassins et spahis au visage de bronze l'un des hommes qui passent pour connaître le mieux la guerre moderne, le général Bonnal : « Sur les immenses champs de bataille de la guerre à venir, les troupes noires n'auront pas de rivales quand il s'agira de donner le choc final... » Dans un avenir assez rapproché, la préparation des attaques par la mousqueterie deviendra le plus souvent inutile et les marches d'approche bien masquées, la rapidité des déploiements, enfin l'impétuosité sauvage des attaques à la baïonnette procureront le succès mieux et plus vite qu'avec les longues tireries encore aujourd'hui préconisées... » Nous estimons qu'avec les puissants moyens de transport sur mer que nous avons et que l'Angleterre, notre alliée, peut mettre à notre disposition, le passage d'Algérie-Tunisie en France des 120 000 hommes de troupes algériennes et sénégalaises *presque indispensables au gain de la première bataille*, ne saurait rencontrer de difficultés insurmontables. »

Cette impétuosité sauvage dont parle le général Bonnal n'a jamais perdu une occasion de se manifester. Téméraire et folle, elle va souvent jusqu'à faire refuser au tirailleur d'exécuter sous le feu le commandement de « Face en arrière ! » quand il n'est pas prononcé par un officier en qui il a placé toute sa confiance. Calme, impassible, durant qu'il exécute des feux et qu'il sert de point de mire aux balles ennemies, le Noir d'Afrique occidentale se mue, au moment de l'assaut, en un démon déchaîné. Il retrouve alors cette dépense physique effrénée, ce paroxysme enragé, gesticulant, frénétique, qui lui permet de danser des nuits entières, ses tam-tams aux contorsions et aux bonds prodigieux. Les Allemands n'ont pas perdu le souvenir des turcos de Wissembourg. Quel effarement leur causeraient la baïonnette ivre de carnage et les élans de fauves des tirailleurs sénégalais!

Montrons-les un peu à l'œuvre, par exemple, à la prise de Djenné, la vieille cité aux belles architectures, la ville des marabouts, des lettrés et des saintes traditions coraniques. A dix heures du matin, après cinq heures de canonnade, la porte est démolie et une assez large brèche ouverte. Les ordres sont donnés pour préparer la colonne d'assaut. La voici qui s'ébranle, têtes hautes, regards brillants, armes menaçantes. Elle passe un marigot. Pas un coup de feu n'est tiré contre elle. Arrivé le premier sur la brèche, le lieutenant Bocher[1] y prend pied avec une poignée de tirailleurs et salue de loin le colonel Archinard. Mais les guerriers Toucouleurs, trompés un instant par le feu que l'artillerie a continué pendant la marche de la colonne, viennent d'accourir de tous côtés vers les assaillants et font pleuvoir balles et javelots. Durant quelques minutes, le lieu-

1. Aujourd'hui chef d'escadron au 4ᵉ cuirassiers.

tenant Bocher combat presque seul sur la brèche.
Mais ses tirailleurs courent à lui, l'entourent et
bientôt les défenseurs de Djenné se trouvent refoulés
vers un petit carrefour où ils continuent leur résistance. Ce carrefour, il faut l'enlever! Entraînés par
le lieutenant Freyss, les Sénégalais s'élancent avec
de grands cris dans une ruelle qui y conduit. Mais
le vaillant officier s'affaisse, atteint coup sur coup
de quatre blessures. Les Toucouleurs, encouragés
par cette chute, essaient de reprendre l'offensive. Le
lieutenant Bocher et le sergent Dethir n'ont pas
de peine à maintenir leurs hommes sous le feu. Une
trentaine d'entre eux parviennent à gagner le haut
de ces terrasses de terre brune qui surmontent toutes
les maisons de la ville. L'ennemi est délogé sur ce
point. A gauche, la compagnie Lespiau s'avance à
travers les rues, prenant position sur les places et
poursuivant l'ennemi de ses feux de salve. Son capitaine entraîne toujours ses hommes plus avant, mais
en passant devant la porte d'une maison occupée
par les Toucouleurs, un coup de fusil parti de l'intérieur l'étend raide mort. Malgré cela, le flot impétueux des chéchias écarlates arrive bientôt à l'extrémité du village, ayant tout refoulé devant lui. Les
tirailleurs ont bien vengé leur capitaine, et maintenant, du haut des murs d'enceinte, ils ajustent leurs
coups de fusil sur les sofas qui s'enfuient à travers
la plaine. Les trois couleurs flottent au milieu de

la ville. Djenné la Sainte est bien à nous, prise par les vaillants soldats noirs qui ne sont cependant à notre service que depuis quelques mois. De toutes les maisons aux lignes régulières et harmonieuses où tout à l'heure on se fusillait à bout portant, les chefs des Diavandos, des Peulhs et des marchands de Djenné accourent se jeter, hors d'haleine, aux pieds du colonel Archinard, en criant d'un air de supplication : « Arrête le combat! arrête les tirailleurs! Rien n'est gâté dans la ville! Tout est à vous, nous ferons ce que vous voudrez! »

La prise de Djenné date de 1893, mais, depuis lors, nos tirailleurs sénégalais n'ont pas dégénéré et il y a peu de temps qu'ils donnaient de nouvelles preuves de leur indomptable vaillance dans les régions désertiques de l'Adrar, dans l'Ouadaï et le long de la côte marocaine. Non contents de se battre en braves, ceux qui ont fait cette dernière campagne ont montré les plus belles qualités d'énergie et d'endurance. Les vêtements chauds ayant manqué au début, ils durent, avec les légers uniformes de la zone tropicale, marcher sous une pluie glaciale et subir pendant la nuit une tempéra-ture de plusieurs degrés au-dessous de zéro. La discipline et la cohésion sont restées irréprochables dans leurs rangs. On n'y a constaté aucun de ces cas de désertion qui ont sévi fatalement à la Légion étrangère et dans les corps indigènes d'Algérie.

Les faits d'armes particuliers abondent parmi ces troupes toujours prêtes à combattre jusqu'à la mort. C'est dans le *Livre d'or des Tirailleurs séné- galais*, dont l'unique exemplaire copié à la main d'une belle écriture d'apprenti fourrier existe à Kati, qu'on peut en trouver une suite nombreuse et pourtant incomplète, un récit bref et émouvant dans sa sobriété. Voici, par exemple, un combat acharné avec les terribles nomades Senoussistes, dans le Kanem, près du Tchad. Les tirailleurs, bouillants d'impatience, veulent donner l'assaut immédiatement. Des injures et des défis s'échangent entre les deux partis, à l'exemple des héros de l'*Iliade*. Un spahi du nom de Boubou Soumaré, long et maigre comme un échalas, fait pleuvoir en même temps sur ses adversaires un flot de balles et d'in- sultes. Malgré l'ordre de ses chefs, il refuse de revenir en arrière et continue d'offrir la cible de sa veste rouge aux fanatiques en leur criant en bam- bara : « Tirez tant que vous voudrez, fils de chiens, vous ne m'atteindrez jamais ! » Et, en effet, comme s'il avait été protégé par un talisman, Boubou Soumaré ne fut pas atteint. L'audace du soldat noir devant l'ennemi est incroyable. Peu lui importe le nombre de ses ennemis. Lorsque Marchand fut rejoint à Fachoda par le Sirdar Kitchener, ses cent quarante tirailleurs virent débarquer de sept canon- nières qui montraient une cinquantaine de pièces aux calibres particulièrement impressionnants deux mille hommes environ de troupes anglo-égyptiennes, superbement équipés et accompagnés d'une batterie de montagne à tir rapide. Tout ce déploiement de forces n'intimida nullement nos Sénégalais et, le soir, un vieux caporal disait à un de ses officiers : « Beaucoup bagages, pas bons soldats. Moctar Kari avec son escouade y en a tout prendre. »

Passons maintenant à la Côte d'Ivoire. Un soir, le lieutenant Haye est surpris et cerné dans son poste d'Ahuakrou par des bandes nombreuses d'indigènes qui lui livrent un furieux assaut. Il se défend avec courage, mais les munitions s'épuisent vite. Bientôt, il ne reste plus que dix cartouches par homme. Une seule chance de salut reste à tenter : adresser un courrier au lieutenant Baratier qui s'est établi avec vingt-cinq tirailleurs dans le village de Singonobo situé à huit kilomètres. Calme, dans l'ardeur du combat désespéré, le lieutenant déchire une page de son calepin, y trace quelques lignes et demande à ses soldats noirs :

« Qui veut porter cette lettre ? »

Un homme se précipite, prend la dépêche, gagne la porte, et après deux pas au dehors, roule foudroyé par les balles. Haye détache une seconde feuille, écrit de nouveau et se tourne encore vers ses tirailleurs :

« Qui veut porter cette lettre? »

Le volontaire ne se fait pas attendre, s'élance avec la même audace héroïque vers la sortie, mais la dépasse à peine pour tomber mort comme le premier. Sa main crispée laisse échapper le message. L'officier la ramasse et s'écrie une troisième fois :

« Qui veut porter cette lettre?

— Moi! »

Celui qui se présente avec tant de vaillance héroïque est un solide Bambara du nom de Tankary Taraoré. Au moment d'affronter la mort presque inéluctable, il se retourne, prend ses cartouches et les tend à son lieutenant, geste sublime de soldat qui sait que les coups de fusil sont comptés et qui veut en assurer quelques-uns de plus pour le salut de ses frères d'armes! Mais Haye refuse :

« Garde-les, tu en auras besoin. »

Refusant d'obéir pour la première fois de sa vie, Tankary pose ses cartouches à terre et montre sa baïonnette :

« Ça y a bon!... ».

Puis brusquement, il ouvre la porte et d'un bond de fauve plonge dans la forêt vierge, immense, impénétrable, qui entoure le poste. Il est sauvé! Par un incroyable prodige, les balles l'ont manqué. Le voilà noyé, empêtré, errant à l'aventure, dans le sombre océan de verdure. Il s'est lancé au hasard dans une direction vaguement indiquée. Le chemin de Singonobo lui est inconnu. Et puis comment s'orienter dans ce gigantesque fouillis de branches, de lianes, de plantes arborescentes, d'herbes qui vous montent à la hauteur du visage? La nuit est venue, sans lune. N'importe! Tankary marche toujours. Durant sept heures et demie, il va ainsi, sans arrêt, sans défaillance, guidé par sa nature primitive d'homme de la brousse. Enfin, voici des feux qui brillent, une sentinelle qui monte sa faction, un poste... C'est Singonobo! Tankary va lui-même trouver le lieutenant Baratier qui dort devant sa case, sous les étoiles. En un clin d'œil le poste se réveille. On s'arme en hâte et l'on part sans perdre une seconde au secours de Haye qu'on a le bonheur de retrouver vivant et continuant sa résistance. Mais il était temps : il venait de tirer ses dernières cartouches.

Tankary Taraoré avait sauvé le poste, son lieutenant, ses camarades. Quelques mois après il reçut la médaille militaire. « Comment avait-il pu se frayer un chemin dans le fourré inextricable? Comment, après avoir rampé, zigzagué, pour échapper au cercle des ennemis, avait-il pu se tirer de l'emmêlement des lianes, retrouver la direction vague qu'on lui avait indiquée? Mystère de l'instinct! Prodige d'endurance et d'audace! Prodige de dévouement[1]! »

1. Lieutenant-colonel Baratier, *A travers l'Afrique.*

L'attachement du tirailleur ou du spahi pour ses officiers, le point d'honneur qu'il met à les bien servir, le dévouement qu'il est toujours prêt à leur montrer comptent parmi les qualités les plus remarquables de ce soldat d'élite et lui sont inspirés par le sens le plus juste et le plus noble du métier des armes. Le colonel Gouraud raconte à ce sujet une histoire charmante. Il avait, au cours de sa belle campagne de l'Adrar, un porte-fanion de race Ouolof qui s'appelait Patey-Sar. Lorsqu'il fut à la veille de rentrer en France et que la nouvelle s'en fut répandue parmi ses soldats indigènes, il vit arriver son porte-fanion qui lui déclara d'un ton un peu hésitant et embarrassé : « Mon colonel, toi y a partir, moi rester. Alors, moi voulais faire à toi cadeau. Seulement, toi y a colonel, moi y a tirailleur. Quoi faire colonel avec cadeau de tirailleur? Rien! Alors, moi y a dit : Il faut faire bon service, bon tirailleur pendant tout une année. Les officiers ici y en a écrire au colonel et lui content savoir que Patey-Sar fait bon tirailleur. Dis, mon colonel, veux-tu cadeau de Patey-Sar? » Connaissez-vous une conception du devoir et une confiance affectueuse plus touchantes que celles dont faisait preuve cet humble enfant du Sénégal?

Que d'autres exemples on pourrait donner du sentiment élevé et généreux que le soldat noir a de sa tâche, du lien respectueux et fort qu'il établit entre ses chefs et lui, du zèle ardent dont il est capable dans le service! C'est un maréchal des logis indigène de spahis qui, voyant son lieutenant tué dans le combat par un sofa, se précipite sur celui-ci, l'abat d'un terrible coup de sabre, lui coupe la tête, puis la jette dans le fourgon qui emporte le cadavre de l'officier, en criant, les yeux pleins d'éclairs de fureur : « Tiens, mon lieutenant, voilà la tête de ton assassin! » C'est un interprète de colonne qui dit à un officier, en parlant d'un autre interprète : « Ne l'emmène pas. Une fois, *toubab* (blanc) a été tué, lui pas tué. Prends plutôt cet autre, il est très jeune, mais il a de la *barbe au cœur*. » C'est en Mauritanie, le puisatier noir Zanzibar, ancien trompette de spahis médaillé, qui travaille des nuits entières pour arriver à abreuver les six cents hommes et les huit cents animaux de la colonne Gouraud. « Ça va, Zanzi? » lui demande le colonel en le voyant si affairé. Et le brave garçon de répondre avec un large sourire de sa face couleur de poix : « Ma colonel, moi y en a pas dormir avant tout le monde y a boire. »

Tout naturellement, le Noir arrive au corps prédisposé à la discipline par son esprit de soumission et de dépendance, par l'habitude héréditaire qu'il a de se laisser conduire, même par son indolence native, son insouciance bohème qui lui font si facilement accepter et même souhaiter un maître.

Pour lui, l'officier est comme un chef de case qui s'occupe d'assurer son existence. Mais un grand nombre de ces soldats n'en ont pas moins la fierté de leur profession et celle du pays qui leur fournit des chefs qu'il aime. « Sénégalais premiers des Noirs, disent-ils, Français premiers des Blancs. » Dans la bouche des vétérans, certains noms de chefs de colonne sont restés populaires et on ne les entend rappeler que sur le ton de la plus intense admiration. Certes, ces noms sont souvent mêlés dans l'esprit simpliste des vieux tirailleurs à des souvenirs de guerre, même de pillage et de dons de captives, mais ce qui les fait demeurer avec un si fort relief au fond de leur mémoire pourtant si prompte à s'envoler, c'est l'énergie, le courage, la hardiesse qu'ils rappellent. M. le général Combes a laissé en particulier d'ineffaçables traces. Je n'ai pu interroger un vieux sous-officier noir, un retraité, un garde de cercle médaillé, sans qu'il me dise : « Oui, oui, batailles beaucoup autrefois, Combo! » Tel est le nom qu'ils donnent au chef qu'ils n'oublieront jamais. Enfin, on trouve encore chez ceux de ces Noirs qui nous servent depuis longtemps, chez les sous-officiers surtout, comme un sentiment confus mais certa de l'honneur militaire. On a beaucoup dit que les tirailleurs de la mission Voulet-Chanoine n'avaient pas suivi dans sa désertion leur chef rebelle, parce qu'il leur avait signifié sa volonté de ne pas retourner au Soudan et qu'ils n'avaient pas eu le courage de renoncer au pays natal. Ce fut sans doute un des motifs de leur refus, mais il y en eut un plus noble qu'ils formulèrent ainsi : « Lui enlever ses galons, lui plus capitaine. Nous autres encore galons, tirailleurs toujours. » C'est un fait certain et constant que la désertion et la trahison ont toujours été d'une excessive rareté parmi nos troupes noires.

Bon marcheur, capable de faire journellement de longues étapes sous l'ardent soleil des tropiques, le tirailleur sénégalais est d'une extrême endurance qui tient à sa race. Celle-ci supporte en effet plus facilement qu'aucune autre les changements de température et se prête fort bien à la transplantation, comme on peut s'en rendre compte par l'exemple des nègres des États-Unis et même par la part qu'ont prise nos soldats d'Afrique occidentale aux campagnes de Madagascar et du Maroc. En outre — et ceci paraît assez surprenant au premier abord — tous les officiers qui ont commandé des Sénégalais vantent leur facilité d'instruction, leur aptitude manœuvrière, leur rapidité à s'assimiler ce qu'on attend d'eux et à devenir soldats. On leur reproche d'être, en général, d'assez mauvais tireurs. La faute en est-elle toujours à eux? Dans la plupart des cas, on n'a pas pris le temps nécessaire pour les éduquer. Après trois ou quatre mois d'instruction, parfois même tout simplement huit jours, la pénurie de nos effectifs nous oblige à les envoyer en colonne ou dans les postes. D'ailleurs, le reproche me semble exagéré. J'ai vu plusieurs fois les tirailleurs à la cible et j'ai constaté qu'il se trouvait dans leurs rangs d'excellents tireurs. Ce qui leur manque généralement, c'est le coup d'œil ou l'habitude de prendre la ligne de mire, mais leur absence de nerfs, en leur permettant de viser longuement, sans tremblement, sans crispation, compense peut-être ce désavantage. Les troupes européennes tirent moins bien à la guerre qu'à la cible. Je crois que c'est le contraire qui doit se produire pour nos tirailleurs.

Une des caractéristiques les plus nettes de la race noire, c'est le manque absolu d'initiative. Chose étrange en apparence, le métier de soldat semble développer chez nos indigènes d'Afrique occidentale ce sens si rare. C'est que leur tempérament d'homme de la brousse, leur instinct de chasseur s'y retrouve. D'instinct, le tirailleur se défile et profite du terrain, la section filtre d'un couvert à l'autre. Mais on a vu des gradés noirs donner des preuves plus étonnantes d'initiative. Après l'assassinat du capitaine Cazemajou par le sultan de Zinder, en 1898, un sergent et un caporal montrèrent tout à la fois un dévouement et une décision extraordinaires. Le capitaine et son interprête français, M. Olive, avaient été assommés et leurs corps jetés au fond d'un puits. En même temps, le sergent indigène, Samba Taraoré, était arrêté par les gens du sultan et mis aux fers avec quelques tirailleurs et domestiques de la mission. Un campement fortifié avait été établi par Cazemajou à environ 1 200 mètres de Zinder. Le caporal Kouby Keïta le met en état de défense et prend le commandement. Il repousse victorieusement plusieurs assauts et fait dire au sultan que s'il ne rend pas les prisonniers, lui, Kouby Keïta, prendra et brûlera la ville. Effrayé, le sultan délivre les prisonniers et propose aux tirailleurs d'entrer à son service. « Rendez-nous d'abord les corps de nos chefs », répond fièrement le brave sergent Samba Taraoré. Deux jours après, il part s'installer aux puits où les habitants de Zinder vont chercher leur eau, s'y fortifie sommairement et leur en interdit l'accès pendant quatre jours. On lui livre plusieurs assauts dans l'un desquels périt le vaillant caporal Kouby Keïta. Mais les munitions sont presque épuisées et puis Samba Taraoré se dit qu'il doit rendre compte le plus tôt possible à ses chefs. Il faut qu'il gagne pour cela le premier poste français, à 1 100 kilomètres ! Parti dans la nuit du 14 au 15 mai, harcelé pendant trois jours par les gens de Zinder qui lui tuent un homme et lui en blessent trois, après des privations et des fatigues inouïes, il arrive enfin, le 8 juillet, à Ilo, après cinquante-quatre jours de marche. Nous avons retenu en France le nom du sergent Blandan. On peut, sans la rabaisser, rapprocher de sa conduite héroïque l'admirable dévouement des braves soldats noirs Samba Taraoré et Kouby Keïta.

Et combien d'autres actes d'intrépidité et de fidélité à l'actif de pauvres tirailleurs inconnus, que de morts sublimes peut-être inaperçues, oubliées, perdues à jamais dans le grand silence des plaines et des forêts vierges! Depuis vingt ans, bien des jours ont vu tomber ainsi pour la France quelques-uns des alertes petits fantassins bleus à la mine insouciante et au parler enfantin. Dans une période de trois ans, du 1er janvier 1907 au 4 janvier 1910, nos pertes en Afrique occidentale et au Tchad arrivent au chiffre de 1 132 morts. Mais qui dira le nombre des tirailleurs, des spahis, des artilleurs, des conducteurs indigènes tombés pendant les dures années de conquête? Les cimetières africains eux-mêmes gardent leur secret. Comme ils sont poignants, ces cimetières! Toujours déserts, envahis par les hautes herbes souvent, ils ne sont jamais très grands et ne contiennent que peu de tombes. Quelques croix se dressent çà et là, en bois à peine équarri ou en métal grossièrement travaillé par un armurier de compagnie. Là reposent les officiers. Parfois, leur nom a été pieusement peint

UN GOUM BERABICH. NOMADES DU SAHEL. LES BERABICHS NOUS
FOURNISSENT DE VAILLANTS VOLONTAIRES POUR LES COLONNES
DE POLICE AUX ENVIRONS DE TOMBOUCTOU. — CLICHÉ LIEUTENANT
POUVREAU.

PORT-ÉTIENNE (MAURITANIE). LE POSTE FORTIFIÉ.
CLICHÉ FORTIER.

en noir sur les bras de la croix, mais presque tou·
jours il s'est effacé avec les années et c'est tout
juste si l'on peut en retrouver une ou deux lettres.
Des débris de couronnes en perles gisent parfois à
l'entour, souvenirs suprêmes envoyés de France
par des parents, des amis, mais jamais renouvelés.
C'est si loin! Dans un angle, attirant à peine les
yeux, il y a un entassement de pierres rouges,
brunes, blanches. Ce monticule grossier et informe
marque la place où sont ensevelis les tirailleurs
et les rouges cavaliers tombés en braves pour la
France. Qui se souvient d'eux à cette heure? Personne des nôtres ne sait plus leur nom. Tombés
loin de leur pays natal, ils ont été bien vite oubliés
des leurs, car, chez l'être superficiel qu'est le Noir,
les douleurs ne se prolongent guère et les souvenirs s'effacent vite. Pauvres visages de bronze que
la mort a figés dans l'ivresse du combat, personne
ne les regrette et personne ne les pleure !

La Fatou-Gaye de Pierre Loti est rare. Généralement, la *mousso* d'un tirailleur tué à l'ennemi a tôt
fait de se remarier. On a souvent dit que la vie en
ménage du soldat noir devait être une gêne pour
l'exécution de ses devoirs et on y a vu une difficulté
au stationnement des régiments sénégalais en
Algérie. C'est mal connaître ces femmes solides,
courageuses, endurantes, d'une santé de fer, que
sont les compagnes des tirailleurs et des spahis.

Elles ne sont ni moins mobiles ni moins bonnes marcheuses que leurs maris. Il faut les voir suivre la colonne à pied, leur enfant attaché au dos. Bien loin de gêner, elles aident souvent par leur vaillance. Au combat de Talmeust, en Mauritanie, deux femmes de tirailleurs ouvrent sous le feu les caisses de cartouches et vont porter celles-ci aux combattants. L'une d'elles est tuée; deux autres la remplacent aussitôt. Celle qui était tombée sous les balles fut citée à l'ordre des troupes de l'Afrique occidentale. Le soldat noir vit difficilement loin de sa femme ou de ses femmes, car il lui arrive parfois d'en prendre plusieurs. Cette difficulté avec laquelle il faut compter est une conséquence de la vie sociale du nègre. Il est incapable de s'occuper des besognes ménagères et ce serait à ses yeux être par trop déshérité du sort que de n'avoir pas une mousso, comme tout le monde, pour faire son couscous. C'est un fait d'expérience journalière que le tirailleur séparé momentanément de sa moitié pour raisons de service, sert avec infiniment moins de zèle et d'entrain. Le fait s'est vérifié notamment pour les compagnies méharistes qui rayonnent dans le Sahel tombouctien et dont les hommes, en raison de l'extrême mobilité des groupes, s'entendent donner comme premier mot d'ordre : « La femme au village! » Ici, l'élimination de l'élément féminin est nécessaire. D'ailleurs, certaines exagérations ont été commises dans l'autorisation donnée aux *moussos tirailleurs* de suivre leur mari. Un convoi de douze cents femmes a causé les plus grosses difficultés à la marche de la mission Voulet-Chanoine.

Si le tirailleur se voit de plus en plus accorder de crédit en Afrique par les autorités chargées de l'organisation militaire et de la défense, il n'en est plus de même de son frère à la veste rouge, le spahi. Ces beaux cavaliers qui comptèrent, au temps de la conquête, jusqu'à quatre escadrons se trouvent réduits aujourd'hui à un escadron de cent sabres. Peut-être s'est-on un peu trop hâté d'effectuer cette réduction. La cavalerie avait provoqué des critiques en Afrique occidentale. On accusait les officiers de cette arme de s'engager trop facilement, d'avoir trop de goût pour la charge et pour l'arme blanche. De là, des suppressions aussi radicales qu'inopportunes. Sous le commandement d'officiers d'artillerie, des gardes de cercle à cheval ont remplacé les spahis dans le quartier de Tombouctou. Mais ils sont loin d'avoir le même prestige. Et encore ceux-là connaissent à fond leur métier de cavalier, car ils sont tous d'anciens spahis. Mais comment fera-t-on quand la souche sera éteinte et que les instructeurs manqueront? Je sais bien qu'on pense à remplacer la cavalerie en Afrique occidentale par des compagnies d'infanterie montée. Des essais se poursuivent dans ce sens et j'ai vu manœuvrer à Thiès des tirailleurs trottant et galopant fort à leur aise sur ces petits chevaux m'bayars toujours si pleins de nervosité et d'ardeur. Mais je ne pense pas que cet essai arrive à se généraliser. Mieux vaut retourner à l'homme à la veste rouge, cavalier hardi, solide, endurant. Nous pourrions tirer de nos possessions un grand nombre d'excellents cavaliers qui, à l'exemple de ce qu'on fait pour les tirailleurs, nous donneraient, au jour de la déclaration de guerre en Europe, de magnifiques régiments.

Trouvons-nous en Afrique occidentale beaucoup de demandes d'engagement? Un moment, elles ont paru diminuer. Depuis la pacification, depuis qu'il n'y avait plus de combats à livrer, de pillage à s'offrir, de captives à gagner, il semblait que l'indigène était moins disposé à *faire tirailleur* et à venir à nous. Maintenant, ces répugnances semblent disparues et les demandes d'engagement affluent de nouveau. Il faut voir là une conséquence toute naturelle de notre pénétration. Si les Bambaras aux joues tailladées, les Toucouleurs au masque fin et rusé, les Soussous petits et râblés continuent à alimenter nos régiments, ceux-ci recueillent de nouveaux éléments — plus nombreux peut-être — parmi les populations fétichistes qui se trouvent au sud de la vallée du Niger. Pauvres, ces hommes

UNE REVUE DE MÉHARISTES A NIAMEY (TERRITOIRES MILITAIRES DU HAUT-SÉNÉGAL-NIGER).

sont tentés par l'uniforme et les dix sous de solde. C'est à ce point qu'un administrateur du Mossi, accablé de demandes d'engagement, a fait élever dans son poste un mât de cocagne consciencieusement suiffé auquel les candidats tirailleurs doivent grimper pour être admis.

' L'Afrique est une merveilleuse pépinière d'hommes et nous devons y puiser largement pour combler les vides de notre natalité. Là seulement est le remède qui nous permettra d'affronter en toute confiance sur le champ de bataille les nations européennes aux populations croissantes. Dès 1899, le regretté Melchior de Voguë parlait d'armer pour la guerre future « cent mille, deux cent mille soldats incomparables, Sénégalais, Soudanais, Haoussas, des baïonnettes qui ne raisonnent pas, ne reculent pas, ne pardonnent pas; des forces dociles et barbares comme il en faudra toujours pour gagner cette partie barbare et inévitable, la guerre ». De son côté, M. Hanotaux écrivait récemment : « Avant dix ans, nous aurons cent mille hommes de troupes noires; cela ne peut pas faire un pli. La question, posée, est résolue. » La question est résolue en effet, puisque, se ralliant aux idées et à l'initiative de M. le lieutenant-colonel Mangin, les autorités militaires et coloniales ont déclaré parfaitement réalisable son projet d'organisation des troupes noires et que la formule claire et féconde de M. le gouverneur général Ponty : *20 000 hommes en quatre ans* est actuellement en cours d'exécution.

Chaque territoire ou subdivison de territoire est devenu maintenant une division de recrutement où sont levés, par voie d'engagements volontaires ou de rengagements les indigènes de corps de troupes de toutes les armes. Lorsqu'arrive le mois de juin, le général commandant supérieur arrête l'état des besoins par corps, le nombre des libérables et les relèves à effectuer en cours d'année. D'après cet état, le gouverneur général avise les lieutenants-gouverneurs des cinq colonies du contingent qu'ils auront à fournir, par circonscription, pendant l'année. Des commissions mobiles de recrutement circulent à travers le pays, munies d'effets d'habillement qui leur permettent d'habiller les recrues sur place. Celles-ci, conformément à la coutume indigène, sont tenues au serment solennel de ne revenir dans leur pays qu'après avoir bien servi la France. Cette nouvelle organisation nous permettra d'obtenir sans difficulté un recrutement de 20 000 hommes engagés pour quatre ans, à raison de 5000 par an.

Le chiffre est modeste, si l'on songe qu'en additionnant toutes les ressources en hommes disponibles de notre Afrique occidentale on arrive, d'après des chiffres certains, à environ un demi-million de jeunes gens constituant neuf ou dix classes de recrutement. Mais ce chiffre peut être étendu, car c'est au moins un million d'hommes entre seize et trente-cinq ans qui est en état de figurer dans nos rangs. Les 20 000 hommes destinés à former le premier noyau de l'Armée noire restent des engagés volontaires. Plus tard, on organisera sans doute une sorte de conscription à raison de deux ou trois hommes par village. M. le lieutenant-colonel Mangin a montré dans son beau livre *la Force noire* que l'Afrique occidentale doit être pour la France un merveilleux réservoir d'hommes prêts à affronter auprès de nous, les Blancs, le sort des batailles futures.

* Mais il n'y a pas que des nègres en Afrique occidentale française. Bientôt, sans doute, le tirailleur et le spahi verront auprès d'eux de nouveaux frères d'armes de race africaine blanche. Déjà, des goums de partisans maures ont combattu pour nous dans l'Adrar et y ont fait merveille sous les ordres du capitaine Dupertuis. Mais on songe à faire plus difficile encore, à introduire dans nos rangs le Targui, guerrier de race et modèle de méhariste. Devenu oisif depuis la pacification du Sahel, incapable de se plier au travail agricole, le Targui, s'il veut continuer à se servir de ses sabres et de ses lances, devra les mettre à notre service. Le capitaine Darlo, après avoir commandé plusieurs années la compagnie de tirailleurs méharistes d'Agadès et

avoir observé de près les mœurs des nomades, a rédigé à ce propos un projet des plus intéressants. Comptant avec l'esprit d'indépendance des Touareg, il propose de les enrôler successivement comme auxiliaires irréguliers et à terme, puis comme courriers attachés aux différents postes, puis enfin comme soldats conservant leur équipement, leur costume et n'ayant d'uniforme que le voile rouge du turban? De la sorte, seraient franchies sans trop de difficulté les étapes qui séparent le pillard du désert du soldat soumis à la discipline. Il y a beaucoup d'avenir dans le projet du capitaine Dario, car on voit déjà venir l'heure où le Targui en sera réduit à la palinodie classique du brigand repenti ou condamné à l'inaction, celle qui consiste à se faire gendarme.

La conquête de l'Afrique occidentale a coûté à la France bien des efforts et bien du sang. Mais voilà déjà que l'immense empire paie sa dette en offrant à la mère patrie d'inépuisables légions. C'est le cas de répéter le mot de Faidherbe : « L'Afrique produit des hommes. »

CHAPITRE IV

LES VILLES. LA VIE COLONIALE
EN AFRIQUE OCCIDENTALE FRANÇAISE

Villes de la côte : Dakar, Saint-Louis, Rufisque, Konakry. — Grand-Bassam, Bingerville, Kotonou, Porto-Novo. — Villes de l'intérieur : Kayes, Bamako, Ségou, Djenné, Bandiagara, Tombouctou. — La vie de l'Européen en Afrique occidentale. — L'hygiène. — Les relations sociales.

VILLES de la côte, villes de l'intérieur, c'est à ces deux types principaux qu'on peut ramener toutes nos cités d'Afrique occidentale. Les premières sont presque toujours l'œuvre complète, la fondation intégrale de l'Européen. Les secondes sont assez souvent des centres, des marchés de création indigène, vieux souvent de plusieurs siècles, dans lesquels nous nous sommes installés en maîtres et où nous avons apporté nos directions et nos perfectionnements.

Parmi les villes de la côte, celle où s'est affirmé avec le plus de puissance l'effort français, c'est assurément Dakar. L'aspect de cette agglomération neuve, poussée il y a peu d'années parmi les sables et les basaltes du cap Vert, développée, grandie, perfectionnée progressivement, n'a rien dans son ensemble qui rappelle l'Afrique. Vue de la mer, Dakar décrit une ligne courbe et basse de toits rouges bordant la vague tout illuminée de soleil et se prolongeant dans le flot d'un bleu de saphir par une jetée, des môles, des bassins, des quais, tous les ouvrages qu'offre un port moderne d'Europe.

Descendons à terre. Dès les premiers pas, nous sommes frappés par les signes évidents d'une ville en travail, d'un centre destiné à une extension toujours plus grande et qui n'a pas fini de se construire. Des charpentes se dressent un peu de tous les côtés, attendant la maçonnerie. Sur des échafaudages, des Noirs travaillent avec l'incurable lenteur de leur race, métamorphosés, eux aussi, en ouvriers européens, par leurs larges pantalons de toile, leurs blouses, leurs tricots, leurs salopettes, leurs casquettes ou leurs informes chapeaux mous. Des rues droites descendent vers nous. Prenons-en une. Nous arrivons à des boulevards plantés d'arbres que bordent des maisons peintes en rose pâle ou en ocre clair. Les plus modernes sont entourées de galeries ou précédées de vérandas. Les plus anciennes reproduisent le type des maisons de France. Si l'on n'apercevait de temps en temps au-dessus d'un mur le bouquet des larges feuilles indolentes d'un palmier ou d'un bananier, on pourrait se croire sur le cours d'une petite ville du Midi.

La place Protet : un quadrilatère encore mal nivelé qu'entourent de massives constructions de brique : le palais de Justice, les Secrétariats généraux, l'école. Un large emplacement vide sur un côté : là s'élevait l'église que sa solidité douteuse a fait démolir. C'est jour de musique. La fanfare de l'infanterie coloniale, en casque, les épaulettes jonquille égayant la vareuse bleu foncé, est rangée en cercle sous le traditionnel kiosque où elle passe avec maestria des pots-pourris à la mode au répertoire Wagner. Des promeneurs, des promeneuses se croisent et recroisent. Mais la plus grande partie du public s'est installée à la terrasse du café qui s'ouvre sur la place, terrasse immense multipliant ses tables sous les grands arbres. Des fonctionnaires, des commerçants, des officiers en tenue de toile blanche, des dames en toilettes élégantes dégustent tranquillement des boissons glacées. On bavarde, on potine, on flirte. Nous sommes bien loin de ce Sénégal brûlé et meurtrier auquel tant de gens continuent de croire en France et qui a laissé dans l'opinion courante une sinistre réputation.

Et les Noirs? me demandez-vous. On n'en rencontre pas autant qu'on pourrait le penser dans cette capitale de notre Afrique française. C'est qu'ils n'habitent en ville qu'en petit nombre et dans un quartier distinct. Il se tapit au bout de Dakar, tout autour des Madeleines où est établi le camp des tirailleurs. Montons la pente sablonneuse qui y mène et où nos pieds enfoncent profondément. Peu à peu, les jardinets de villas et les boutiques de commerçants font place à des palissades de branchages derrière lesquelles pointent des toits ronds de chaume. Ce sont les interminables alignements de cases indigènes qui commencent.

Nous croisons de grands nègres dégingandés au crâne rasé sous la calotte de velours rouge ou de cotonnade blanche, au long corps flottant dans l'ample boubou qui vient battre leurs maigres mollets nus. Des femmes passent aussi, leur visage d'un noir d'encre encadré d'une guirlande circulaire de petites tresses luisantes, leur taille souple et onduleuse drapée d'étoffes aux rayures voyantes. Beaucoup portent sur leurs reins, suivant l'usage immémorial de toute l'Afrique noire, un nourrisson aux yeux d'escarboucle lié par le pagne multicolore. Toute cette population montre une allure douce, paisible et un peu timide. On sent qu'elle ne demande qu'à vivre à l'écart de sa voisine, la ville française, qu'une pensée créatrice est venue bâtir là, parmi les plaines de sable où s'élevaient seules, il y a quelques années, les misérables cabanes des pêcheurs Lébous.

Quelle est cette pensée? Elle remonte au véritable créateur de la colonie, au père du Sénégal, à Fai-

DAKAR : VUE GÉNÉRALE. — CLICHÉ SALTA.

KONAKRY : VUE GÉNÉRALE. — CLICHÉ FORTIER.

dherbe. Comprenant la merveilleuse station du cap Vert, il avait dit : « Le cœur du Sénégal sera là. » Vision d'une admirable clairvoyance, car l'anse de Dakar si bien abritée contre la houle du large était infiniment plus propice que n'importe quel autre point de la côte à l'établissement d'une rade. En outre, la nature volcanique du terrain présentait une garantie des plus sûres pour l'entreprise de travaux sans cesse combattus, envahis, dévorés, sur les autres points de la côte, par la poussée irrésistible du sable. Et quelle meilleure situation géographique que la pointe de cette presqu'île, la plus avancée du continent, toute désignée pour devenir l'escale idéale, le relais rationnel des grandes lignes de navigation de l'Afrique et de l'Amérique méridionales !

Les avantages militaires de la position avaient également frappé Faidherbe. Facile à défendre sous le feu de ses batteries, à l'avant d'un pays fécond en ressources de ravitaillement, Dakar devait offrir aux navires de guerre un abri sûr et profond. Sa position marque le sommet d'un vaste triangle d'océan dont les deux autres sommets touchent à Brest et à Fort-de-France. Là s'imposait pour notre flotte un point d'appui dont l'accès serait fermé par une ceinture de sous-marins et de torpilleurs. Aussi, deux ports, l'un de commerce, l'autre de guerre, ont-ils été creusés à Dakar. Avec une activité que la chaleur du climat rend plus méritoire, deux môles, une digue, des bassins, des voies d'exploitation, des docks se sont trouvés construits en peu de temps. Des bâtiments de toutes les nations sont déjà les hôtes incessants de la rade où ils font du charbon nuit et jour. Dakar est, dès aujourd'hui, l'un des plus grands ports de toute l'Afrique. Par sa situation privilégiée, il est appelé à devenir dans un avenir prochain l'un des plus grands ports du monde.

En même temps, la capitale de la France noire s'achève, s'embellit, se pare. Elle s'augmente de quartiers nouveaux méthodiquement et soigneusement construits où les maisons seront munies de tout le confortable moderne. Pour satisfaire à un des goûts français les plus marqués, un théâtre des plus coquettement aménagés a été édifié à Dakar. J'y ai vu jouer — fort avant dans la nuit, à la suite d'un retard du paquebot qui les portait — Mme Suzanne Desprès et sa troupe. Tant par l'installation matérielle irréprochable que par la vue des artistes et du public, on se serait cru transporté subitement bien loin de là, à deux pas du boulevard, et l'on aurait juré qu'on allait trouver dehors, après le baisser du rideau, le Paris si mouvementé et si brillant de la sortie des théâtres. Quel chemin parcouru sur ce petit coin de terre française! Et comment résister à un sentiment de fierté nationale, lorsque du haut du Gouvernement général qui, sur son plateau, domine Dakar, on aperçoit à ses pieds la ville nouvelle étalant dans la lumière crue, parmi la verdure, ses toits rouges, ses vastes bâtiments, ses édifices, ses deux ports, en face de Gorée, la toute petite Gorée, l'îlot de granit qui fut le berceau humble et étroit de notre puissance africaine?

En opposition à Dakar, la cité coloniale moderne d'aspect européen, il y a Saint-Louis, la vieille capitale sénégalaise, l'aïeule de toutes nos villes d'Afrique occidentale. Une large ceinture d'eau déserte et silencieuse entoure l'île où elle s'allonge mollement. On y accède par un grand pont de fer, le pont Faidherbe qui est le rendez-vous des élégances, car c'est là qu'aux heures fraîches la société blanche ou mulâtresse et aussi les jeunes dandys Ouolofs viennent faire leur persil. Des équipages passent, attelés de beaux chevaux du pays et croisent des chefs noirs en boubou de soie blanche ou bleue, à cheval, campés fièrement sur leur haute selle. Du pont, on découvre la ville baignant dans le fleuve la face postérieure de ses maisons bleu clair, rose tendre, ocre pâle, étageant ses toits carrés, ses terrasses unies et lisses qu'on dénomme « argamasses ». Pittoresquement distribués, des bouquets de grands cocotiers inclinent nonchalamment leurs palmes immobiles au-dessus de tous ces cubes de maçonnerie assez semblables les uns aux autres. L'impression est d'une ville d'Orient, d'un Orient à peine modernisé et plein d'attirance.

Quoique petite et ramassée, la ville regorge de monuments : un palais du Gouvernement quelque peu lézardé et caduc, de vastes casernes bâties par le génie sur le traditionnel modèle général et auxquelles le soleil prête, malgré tout, un certain prestige de couleur, l'hôpital militaire où l'on soigna Jean, le héros du *Roman d'un spahi*, une église d'architecture rudimentaire précédée d'un portique de bois reposant sur des colonnes également de bois, un palais de Justice, un hôtel du Conseil général et des directions, des inspections, des secrétariats généraux, des commissariats généraux, à en faire honte à qui n'appartient pas à l'Administration. Saint-Louis possède aussi une *medersa* où l'on forme ces interprètes qui s'entendent si bien à fleurir la sécheresse du style officiel des trouvailles de leur langue imagée, témoin ce début de lettre de l'un des plus notoires, Ouak el-Arba, de race maure : « Gloire à Allah qui a permis à la plume de remplacer la jambe pour parler de vive voix. » Ah! qui dira l'insondable imagination de ces rejetons de l'Orient!

Le marché de Saint-Louis : un merveilleux étalage d'exotisme entre le fleuve et la mer, plus de trois cents femmes, noires silhouettes drapées de couleurs éclatantes qui vendent, dans l'inévitable

calebasse, du mil, de la farine, des tomates à peine
plus grosses que des pois chiches, d'inquiétantes
pâtisseries indigènes, des verroteries, des fruits :
pastèques, bananes, kolas, papayes, avocats, etc.
Toutes les races du Sénégal semblent s'être donné
rendez-vous parmi les acheteuses et les vendeuses.
Voici la Ouolof aux cheveux disposés en menues
tresses, la Sarakholé coiffée en tiare, la tête étin-
celante d'ors, de perles et de coraux, la Mau-
resque aux longs yeux noirs soulignés d'antimoine
sous ses voiles sombres, la Toucouleur aux traits
menus, la Peuhl dont le fin profil égyptiaque se
dessine sur un teint moins poussé au noir, la
Pourogne, métisse et esclave des Maures, qui, avec
son visage émacié d'un noir bleuâtre, ses maigres
épaules étriquées dans la toile bleue, semble une
ombre drapée dans un suaire de guinée. Au milieu
des groupes nonchalants, des petits enfants au
ventre rebondi, au nombril saillant, tout juste vêtus
d'un collier ou d'un bracelet au bras ou à la jambe,
courent, piaillent, pleurnichent. Phénomène à no-
ter, tandis que les bébés sont chez nous généralement barbouillés de noir, les petits Noirs sont barbouillés de blanc : effet du couscous familial.

Tout près du marché, commence le faubourg de
Guet-n'dar habité par les pêcheurs qui constituent
à Saint-Louis une corporation nombreuse et importante. Guet-n'dar s'étend sur près de deux kilo-

mètres, le long de cette presqu'île de sable prodigieusement mince et effilée qu'on appelle la Langue de Barbarie. La rentrée des pêcheurs, le débarquement du poisson sur la plage constituent à Saint-Louis un spectacle habituel, très couru des Européens. Il n'est pas sans causer quelque émotion, car pour venir s'échouer sur le sable doré de la plage, il faut que les noirs coureurs de flots franchissent dans leurs étroites pirogues, véritables coques de noisette, toute une zone périlleuse de vagues furieusement déferlantes. C'est la barre, la fameuse barre de Saint-Louis si justement redoutée de tous les navigateurs. Mais les gens intrépides de Guet-n'dar se moquent de la barre.

Après Dakar, la grande ville coloniale moderne, et Saint-Louis, la vieille cité créole, il faut montrer en deux traits Rufisque la commerçante, la ville et le port de l'arachide, Rufisque dont le mouvement annuel se monte à plus de 30 millions de francs. Dès la gare, elle apparaît bossuée en tous sens de hauteurs fauves qui sont les tas ou *seccos* d'arachides. Engageons-nous dans les rues propres et avenantes aux maisons de type quasi uniforme qu'entoure, aux pieds des murs peints en ocre, une étroite rigole où l'eau coule. C'est le moyen de mettre en fuite les *ravés*, petits insectes qui sont les hôtes incommodes du pays. Mais Rufisque, *la cité jeune et fière*, comme on dit au Sénégal, sait

pratiquer tous les raffinements de l'hygiène moderne. Elle a desséché les marigots au milieu desquels elle était primitivement bâtie et les a rempla-
cés par des boulevards plantés d'arbres. On est tout
surpris de retrouver là le fantôme de la fièvre jaune
évoqué par le monument d'un ancien maire, Joseph
Gabard, emporté par la dernière épidémie. Comme
il semble lointain maintenant, le mal inéluctable,
au sein de cette petite ville dont l'aspect rappelle
les productives cités du Nouveau Monde ou nos
agglomérations manufacturières du Nord. Ce sont
les mêmes rues droites revêtues de ciment, le même
ordre, la même propreté, le même mouvement assourdissant de wagonnets sur rails que poussent
des herscheurs bien autrement noirs que ceux
d'Anzin ou d'Armentières. C'est tout juste si quelque
cocotier solitaire nous rappelle que nous sommes à
deux pas de cette brousse où se continue, immuable, la même vie qu'il y a deux mille ans. A
Rufisque, cent cinquante Français font vivre par
le travail journalier une population de huit mille
Noirs. Ces Français vivent en rare communauté de
vues pour tout ce qui concerne la prospérité et
l'amélioration de leur petite ville. C'est ainsi qu'ils
ont eu l'idée très neuve, au point de vue économique, de supprimer l'octroi et de le remplacer
par un abonnement obligatoire, à tant la tonne
transportée, sur les voies ferrées qui sillonnent

leurs rues. Par son administration aussi bien que par sa construction, Rufisque est un modèle de ville coloniale.

Mais la plus riante, à coup sûr, de toutes nos villes de la côte, c'est Konakry. La capitale de la Guinée française est enfouie parmi d'épaisses et luxuriantes masses de verdure. Ses larges avenues, tracées avec la régularité d'un damier, sont bordées d'arbres géants aux formidables chevelures. Sur la grande place, devant la façade toute blanche du palais du Gouvernement, la statue du gouverneur général Ballay qui fut le véritable fondateur de notre Guinée, s'entoure, comme d'une garde colossale, de plusieurs rangées de fromagers aux troncs énormes et tourmentés, de rôniers sveltes, de dioubalés, de caïlcédrats, de manguiers. Konakry est la ville des mangues. Point de dessert où elles ne figurent chez les pauvres comme chez les riches, car la moindre tornade en jonche les rues. Au long des avenues paisibles et silencieuses, on remarque de coquettes maisons à larges vérandas à demi cachées par l'exubérance du feuillage. L'aspect général est d'une station de plaisance, d'une ville d'eau. Au bout de la ville, entre les troncs grêles des palmiers qui laissent apercevoir la mer unie comme un miroir, un vaste hôpital — l'une des gloires de Konakry — disperse à travers les ramures et les feuilles ses confortables pavillons. Non loin de là, un jardin public s'enorgueillit de fromagers plus gigantesques encore que ceux que l'on rencontre en ville et offre aux regards du visiteur d'admirables oiseaux-trompettes portant fièrement leur aigrette blanche, des panthères aux souples mouvements et aux regards obliques, des singes cynocéphales aux yeux clignotants et bien d'autres spécimens du règne animal.

Il y a aussi le quartier commerçant : de larges rues bordées par des factoreries où s'entassent, dans des milliers de sacs, les boules et les plaques de caoutchouc que le chemin de fer apporte continuellement des marchés de la Haute-Guinée. Puis voici le quartier indigène composé d'une suite de petites maisons basses crépies de jaune. Sur une place, un marché couvert abrite des marchandes Soussous, le front ceint d'un foulard, petites, trapues, un éclat de rire entr'ouvrant à chaque instant leurs dents blanches. D'une des extrémités de la ville part une longue chaussée qui suit la côte dont elle est séparée par un ample et majestueux rideau de verdure. C'est le lieu de promenade où se croisent les équipages des gens de Konakry, équipages généralement représentés par de petites voitures à bras entre les brancards desquelles de solides Noirs jouent le rôle du pousse-pousse annamite. Trois ou quatre automobiles font entendre leur teuf-teuf triomphant. Quant au cheval, il ne compte que fort peu de représentants dans ce pays où il dépérit et meurt. Cette chaussée joue dans le pays le rôle d'avenue du Bois, comme dirait un Parisien, car elle conduit à l'admirable jardin d'essai de Camayenne. Konakry est la ville des fleurs, des fruits et des feuillages. Elle est, elle-même, comme un immense jardin éclos pour le plaisir des yeux parmi les sables de la côte occidentale.

Mais le vert des arbres s'assombrit, la température devient plus accablante : nous sommes à Grand-Bassam, à la Côte d'Ivoire. Des hercules d'ébène, frappant de rames en forme de palettes ovales l'eau irradiante, nous font franchir la barre traîtresse dans une pirogue, tout en rythmant à mi-voix un refrain barbare : « *Aguia, Benoulaïoho!* » Étroitement resserré entre la mer et la grande lagune Ebrié, Grand-Bassam se compose à peu près uniquement d'une longue suite de maisons de bois à un étage entourées, tout du long, d'une galerie à jour. Toutes les mêmes ou à peu près, ces constructions généralement consacrées au commerce. Autour du local d'habitation, encadrant une cour sablonneuse sillonnée de voies Decauville, se groupent les magasins de dépôt, les locaux pour l'épuration sommaire de l'huile de palme, les hangars pour les matériaux de construction, les cases de ces manœuvres aux formidables musculatures qu'on appelle les Kroumen, parfois aussi des caravansérails privés pour les Dioulas (colporteurs) qui apportent sur leur tête le caoutchouc du pays de Kong. Dans la rue principale qui longe la plage, une ombre parcimonieuse tombe des longs cocotiers. Des hommes passent, barbus et chevelus de façon surprenante pour des fils de Cham, drapés à la romaine dans des pagnes bariolés. Aux deux extrémités de la ville, des villages indigènes étendent leurs cases de terre et de feuilles sèches. A l'est, des boutiques en nattes de palmier, tenues par des Noirs de race apollonienne, attendent silencieusement l'acheteur. Particularité surprenante, l'hôpital de Grand-Bassam sert en même temps de résidence au gouverneur, quand il séjourne dans la ville. C'est un souvenir du temps où les fonctions d'administrateur du cercle étaient confiées à un médecin des troupes coloniales, du temps où le terrible moustique de la fièvre jaune semait ici la désolation et la mort.

Embarquons-nous sur la lagune. Après quelques heures d'une navigation capricieuse à travers les méandres d'une eau calme que borde des deux côtés la végétation forcenée et splendide d'une forêt vierge, nous arrivons à Bingerville. Les rues y sont tirées au cordeau comme dans toute agglomération administrative. Les fonctionnaires, seuls habitants, bénéficient de maisons à véranda fort bien comprises et de jardins évocateurs de terre promise, comme tout ce qui pousse dans ce pays à la sève inépuisable. Au sommet d'un terrain découvert qu'ombragent d'énormes fromagers, le Gouvernement domine la ville de son rectangle blanc écrasé. On y jouit d'une vue magnifique sur un horizon d'eau, de savanes, de forêts, tout une immensité verte à l'infini.

De la Côte d'Ivoire, passons au Dahomey. Kotonou, où nous débarque le paquebot, est une ville maritime et strictement européenne de conception, dont les maisons de bois silencieuses dorment sous la nappe de plomb de l'atmosphère, parmi des sables jaunes et nus que ne défend aucune ombre de verdure. On y trouve des docks, des entrepôts, des factoreries, des usines à huile de palme, des chantiers de réparation pour navires. Mais, là-bas, au bout de ce bras de la lagune qui serpente entre des marais déserts et mornes et qu'on appelle le Toché, il y a une ville infiniment plus curieuse, il y a Porto-Novo, la cité rouge que fonda, au XVIIᵉ siècle, le fils fugitif du roi Koppon. Par des rues au sol rouge, nous passons entre des habitations rouges. Tous les mêmes, ou à peu près, ces logis indigènes construits en *terre de barre*, c'est-à-dire en terre glaise du pays provenant de la décomposition de l'argile en oxyde de fer. Le modèle rappelle la maison antique avec son vestibule et ses pièces ouvrant toutes sur une petite cour centrale. Quelques

BAMAKO. TAM-TAM DANS UNE RUE. LA POPULATION INDIGÈNE DE BAMAKO HABITE LA VILLE BASSE.
CLICHÉ FORTIER.

maisons couvertes d'un enduit jaunâtre, surprennent par leurs dimensions importantes, leur apparence européenne et riche et le souci d'architecture qu'elles révèlent. En elles se retrouve de façon imprévue le style espagnol du XVIᵉ siècle. Elles appartiennent à des mulâtres d'origine portugaise, se disant créoles et arborant triomphalement les noms sonores ou illustres d'Almeïda, d'Assomption, d'Albuquerque, de da Silva, de Souza.

Près des factoreries, le sol se défonce et se creuse profondément en longues entailles sinueuses. Il y a des rues qui sont de véritables ravines. Heureusement, l'Européen qui visite Porto-Novo ne va ni à pied ni à cheval. Le mode de locomotion de ce pays où le cheval, non plus que le bétail, ne peut vivre longtemps, c'est le hamac suspendu à une tige de palmier et porté sur la tête par deux vigoureux gaillards aux jarrets d'acier qu'on dénomme « hamacaires ». Le terrain sur lequel s'ouvrent les maisons de commerce est un peu moins capricieux. Ces maisons sont françaises, anglaises, allemandes, celles-ci étalant à leur devanture un nombre considérable de portraits du Kaiser. Puis, nos hamacaires vont nous montrer le palais de Bécon où habite le fils du roi Tofa, Adjiki, aujourd'hui déchu du titre royal et portant seulement celui de chef. Traversons ensuite le marché : un fourmillement inouï d'hommes, de femmes et d'enfants qui achètent, mais surtout qui vendent, car, par un surprenant phénomène, les vendeurs, sur tous les marchés d'Afrique occidentale, sont toujours plus nombreux que les acheteurs. Marchands et marchandes sont installés en plein soleil ou à l'abri d'auvents. Ils vendent de tout, depuis la boulette de haricots pilés dont les indigènes sont si friands, jusqu'à des petits personnages de cuivre et des gris-gris contre toutes les calamités.

Maintenant quittons la côte et allons jeter un coup d'œil rapide aux principales villes de l'intérieur. Nous avons dit que celles-ci étaient souvent des créations indigènes. Cependant, Kayes est une fon-dation française rendue nécessaire par sa position sur le Sénégal. C'est en effet là le point extrême où peuvent remonter les navires pendant la saison des hautes eaux. Frappé de son importance, le général Borgnis-Desbordes a commencé d'y bâtir Kayes en 1881. Depuis, la ville est devenue la tête de ligne du chemin de fer du Sénégal au Niger et elle va acquérir encore plus d'importance, après l'achèvement de la ligne qui doit la mettre en communication avec Thiès, c'est-à-dire avec Dakar. Ancienne capitale du Soudan français, Kayes com-prend deux parties distinctes et nettement sépa-rées l'une de l'autre. L'une constitue le groupe administratif où se trouvent la résidence, l'admi-nistration du chemin de fer, l'hôpital, les différents services, agglomération de belles constructions de pierre et de brique au sein de laquelle on ne rencontre guère que des fonctionnaires appelés par leurs occupations journalières. L'autre, c'est la ville commerçante, le marché, le port. Là, entre des maisons de pierre bâties pour la plupart sur le modèle par trop inadapté des premières constructions sénégalaises et aujourd'hui abandonné, là, les marchandises s'entassent et font d'incessants voyages de la gare au fleuve; une foule affairée, où le Noir côtoie le Blanc, vend, achète, transporte, emmagasine; des ventes aux enchères se poursuivent en pleine rue. C'est l'activité d'un centre de transit, de la grande escale entre la fertile vallée du Niger et Saint-Louis, Dakar, la France, le monde entier.

C'est au profit de Bamako que Kayes a été décapitalisée. La nouvelle résidence du Gouvernement occupe une position admirable dans la vallée du Niger auprès duquel elle est bâtie. C'est également Borgnis-Desbordes qui a fondé aux abords d'un gros village bambara et d'un important marché indigène, la ville neuve et européenne de Bamako. La séparation de celle-ci en deux quartiers est encore bien plus nette qu'à Kayes. En cet endroit, une ligne de hauts plateaux s'élève au-dessus de pentes assez abruptes, couvertes d'éboulis de roches et de buissons d'ajoncs, de kinkilibas et de fougères. Cela forme une sorte de capricieuse et changeante muraille où les tons de rouille de la terre et le gris brillant du granit se tachent çà et là et se couronnent des teintes foncées de la verdure. Suivant une méthode employée par les Anglais dans leurs colonies, on a laissé s'installer tout naturellement en bas, au milieu des cases bambaras, en contact constant avec les indigènes et leurs marchés, les maisons de commerce, les magasins, les services d'exploitation du chemin de fer, l'hôtel, le cercle. Il en résulte une physionomie curieusement disparate. Le long des avenues droites de Bamako, où ces arbres étranges qu'on appelle les dioubalés laissent pendre leurs longues chevelures fauves, on rencontre tour à tour des murs gris de banco, limitant des groupes de cases indigènes et des constructions européennes avec toit de tuiles, galerie circulaire et escalier extérieur.

En haut, sur le plateau qui domine la vallée, c'est la ville administrative, tout un ensemble symétriquement ordonné de constructions rectangulaires exécuté par le génie militaire. Il faut reconnaître à celui-ci le mérite difficile d'avoir su s'arracher à la hantise du modèle général et d'avoir, à l'occasion, fait preuve de goût et d'heureuses réminiscences architecturales, notamment dans le palais du gouverneur. Cette massive construction de granit gris bleuté, avec ses colonnettes et ses arcs de fenêtres

GUERRIERS TOUAREG. LES TOUAREG PASSENT DANS LE PAYS POUR DESCENDRE DES CROISÉS. IL EST CERTAIN QUE DANS LEUR ALLURE ET LEUR ÉQUIPEMENT ON RETROUVE QUELQUE CHOSE DU GUERRIER DU MOYEN AGE.

CHEFS TOUAREG A TOMBOUCTOU. — CLICHÉS FORTIER.

à l'orientale, n'est pas sans caractère monumental, vue sur un fond de couchant rouge et or. Tout autour d'elle, en avant, en arrière, se groupent les vastes bâtiments réservés aux différents services et les petites maisons affectées par la colonie à tous les fonctionnaires de sa capitale, de l'administrateur en chef au simple commis. Tous ces cubes de maçonnerie à terrasse, de proportions variables, dispersées sur le fond vert des herbes hautes et des buissons, font songer au désordre de villas hâtivement construites sur un modèle uniforme, dans quelque localité de villégiature débutante. Ce phalanstère administratif a nom Koulouba. Chaque soir, la route en lacets qui permet d'y grimper sans trop de peine, se remplit de breacks, de phaétons, de cavaliers tout de blanc vêtus. Ce sont les habitants du plateau qui descendent vers la ville basse un peu las de se trouver toujours entre eux et se plaignant parfois de leur hauteur qui les éloigne du rivage.

Si nous descendons le cours du Niger, les villes que nous trouverons sur notre chemin sont toutes d'antiques cités élevées, à des époques différentes et souvent assez vaguement déterminées, par des populations migratrices venues de l'est ou de l'ouest et notamment par les Sonraïs probablement originaires de l'Arabie et par les Marocains dont les premières invasions datent du XVIᵉ siècle. Ces villes se recommandent par la grande originalité de leur construction. Nous nous trouvons ici en présence d'un genre et même d'un véritable style d'architecture indigène. Le banco, cette boue difficile à fixer, lignes ordinairement empâtées et informes, que nous avons vue si grossièrement employée partout ailleurs, va se modeler, s'égaliser, donner des formes géométriques et construire des maisons, parfois même des édifices où l'on rencontre des lignes harmonieuses et une recherche de décoration. Arrêtons-nous par exemple à Ségou, l'ancien repaire d'Ahmadou, dont la prise demanda tant de valeur et d'élan à nos troupes. Toutes les cases importantes de la ville sont bâties d'après un modèle uniforme. Des pyramides quadrangulaires s'élèvent au-dessus de la porte d'entrée, des pilastres en forme de troncs de pyramide l'encadrent. Les lignes sont droites et symétriques. L'ensemble suggère un souvenir lointain et confus de la vieille Égypte des Pharaons. A Bandiagara, les formes d'architecture sont à peu près les mêmes, mais la décoration joue un plus grand rôle, les constructions plus monumentales donnent encore mieux une impression de grandeur barbare.

Mais c'est surtout à Djenné qu'il triomphe, ce style mystérieux, à Djenné, la ville sainte des marabouts et des lettrés, la cité d'aspect oriental, si impressionnante et si belle sur le plateau qui l'élève à la façon d'un piédestal au milieu de la plaine couverte d'ajoncs que les eaux couvrent pendant plus de six mois. Dès l'arrivée, on s'émerveille de l'heureux groupement de ces formes rectangulaires couleur d'ocre, de ces mille cônes et pyramides s'érigeant en bordure le long des terrasses et pointant de tous côtés dans l'immuable azur. La maison de Djenné ne ressemble à aucune autre avec sa façade de rez-de-chaussée en auvent rappelant de tous points la cheminée monumentale de nos châteaux, son premier étage à colonnettes et la rangée de dents brunes qui couronne son toit. Elle étonne encore par la solidité de sa construction, la structure ingénieuse de ses plafonds et on s'étonne bien davantage, quand on sait qu'elle a été édifiée par des maçons formant depuis des siècles à Djenné une corporation des plus étroitement unies et réglementées qu'on appelle les *bari* et qui, pour tout instrument de travail, ne se servent que de leurs mains. Djenné est un peu déchue aujourd'hui de son ancienne splendeur. Son marché qui autrefois emplissait les rues de la ville tout entière se tient sur une place devant la grande mosquée. Là, entre les calebasses des vendeuses, passent lentement des hommes tout vêtus de blanc, à la figure fine et garnie dans le bas d'une courte barbe, au nez légèrement busqué, aux mouvements pleins d'harmonie et de noblesse. Leur teint est beaucoup moins foncé que celui de tous les autres Noirs. Ce sont les Peuhls, race venue d'Égypte ou d'Asie Mineure et qui fournit aujourd'hui comme autrefois les premiers pasteurs du monde. Voici, auprès du Peuhl, régulier de traits, lui aussi, mais plus foncé de teint, le Sonraï. Et les femmes ne manquent, elles non plus, ni de grâce ni de beauté, avec leur démarche souple, leur port en arrière, leur cou mince, leurs lèvres bien ourlées et leurs cheveux ramenés sur la tête de façon à former trois boules symétriquement disposées, du front à l'occiput.

Enfin, nous voici à Tombouctou, la perle du Soudan, la ville à qui reste accolée pour longtemps encore l'épithète de « mystérieuse ». Cette épithète demeure vraie dans un certain sens, car si la pénétration dans la vieille cité des Sonraïs et des Marocains est aujourd'hui aisée, la vie intime des habitants, leur intérieur se dérobent jalousement, par principe, aux regards étrangers. La ville se présente sous la forme d'une longue île de maisons en banco gris-brun à un étage, surgissant tout à coup au milieu des plaines semi-désertiques. Deux édifices dominent les terrasses carrées : ce sont les mosquées de Djingerer-Bey et de Sankoré, toutes deux surmontées d'une sorte de pyramide aux arêtes confuses et qui croulerait sans doute, vu le peu de solidité de sa substance, si elle n'était retenue par tout un système de tiges de bois sur

UNE PLACE A TOMBOUCTOU. TOUAREG, BERABICHS, KOUNTAS, DAGAS, MAURES, SONRAÏS. BAMBARAS SEMBLENT AVOIR OUBLIÉ LEURS GUERRES ET LEURS QUERELLES ET ÊTRE HEUREUX DE SE RETROUVER PÊLE-MÊLE DANS LA VIEILLE VILLE FAMEUSE. — CLICHÉ FORTIER.

lesquelles reste posée jour et nuit une nombreuse tribu de cigognes noires et blanches. Que le muezzin appelle là-haut pour la prière et un immense vol aux lourdes ailes s'épandra soudain à travers la ville, jusqu'à ce que le silence ramène de nouveau les fugitives.

Tombouctou, dont l'aspect demeura morne et désert dans les premiers temps qui suivirent la conquête, est aujourd'hui pleine d'animation et de mouvement. Allons faire un tour à l'un des deux marchés de la ville toujours regorgeant de foule, même aux heures brûlantes où le soleil est au zénith. Imaginez un immense quadrilatère entouré de hautes cases massives et brunes aux lignes rectangulaires dans lesquelles on débite à une foule d'acheteurs des denrées, des étoffes, des produits de toutes sortes. Le Sonraï au visage fin et rusé, toujours plus ou moins marchand ou commissionnaire en marchandises, coudoie le Targui à la noble et svelte désinvolture dont les yeux brillent au-dessus du voile bleu dit *litham* qui masque ses traits. Le Berabich au nez busqué, au type sémite, se croise avec le Maure à la chevelure embroussaillée, avec le Kounta aux yeux ardents d'oiseau de proie, le Daga à la lisse chevelure d'un noir bleu et le Bambara aux membres solides, à la peau d'un noir brillant. Les dames de Tombouctou, en vêtements bleus, les cheveux réunis en grosses tresses qui se tordent autour de leur tête à la façon de serpents, caquettent à qui mieux mieux avec les marchandes. Tous ces peuples semblent avoir oublié leurs guerres et leurs querelles et être heureux de se retrouver pêle-mêle dans la vieille ville fameuse. De longues files de chameaux arrivent, apportant le sel de Taoudénit. Maintenant que la tranquillité règne dans les régions environnantes pacifiées par nos troupes, Tombouctou est redevenue ce qu'elle était jadis : le grand marché du Soudan.

Telles sont, trop rapidement parcourues et esquissées, les principales villes de notre Afrique occidentale. Comment l'Européen y vit-il? L'hygiène doit être une des principales règles de sa conduite. Elle se réduit à deux prescriptions principales : la moustiquaire à l'intérieur, le casque à l'extérieur. En 1786, le chevalier de Boufflers, qui portait toujours un « grand chapeau rond couvert de papier », disait déjà à un de ses jeunes officiers coupable de quelque peccadille : « Monsieur, quoique j'aie à vous laver la tête, je vous prie de mettre votre chapeau. » Le colonial fera aussi sagement en évitant les excès d'alcool. Ce sont eux qui engendrent le plus souvent ces troubles cérébraux connus sous le nom de *sénégalite* ou de *soudanite*, sorte de neurasthénie africaine, où les mœurs et le caractère du malade ont certainement plus de part que le soleil.

Le Français vit en Afrique occidentale d'une vie large, facile et qui n'est pas sans douceur. Si sa maison n'est pas toujours confortable, il sait en tirer le parti le plus pratique et l'aménager de la façon la plus riante. Le plus souvent, il l'entoure d'un jardin où il fait pousser de belles fleurs et auquel il demande des fruits et des légumes. Ses heures de loisir sont nombreuses; un des meilleurs moyens de tromper l'ennui et de se tenir en bonne santé, c'est de les consacrer au sport. Ainsi font presque toujours le fonctionnaire, le commerçant, le colon. Le Français d'Afrique occidentale est un cavalier intrépide, un chasseur parfois audacieux qui s'attaque aux éléphants et aux fauves. Il s'adonne également aux joies moins périlleuses du tennis qui ont l'avantage de favoriser les réunions et de créer des rapports cordiaux. Ces rapports entre Blancs, les cercles, qui existent dans presque toutes les villes, les assurent avec beaucoup d'agrément et de gaîté.

Et puis, il y a la popote où l'on mange ensemble, les invitations qui s'échangent sans cesse et aussi dans les régions où l'on trouve des chevaux, les courses qui obtiennent le plus grand succès. On donne périodiquement à Dakar, à Rufisque, à Kayes, à Bamako, à Tombouctou, des *réunions* sur le turf qui, sans faire oublier celles de nos champs de courses parisiens, donnent au pays beaucoup d'animation et de vie. Et ne croyez pas que le jockey sénégalais ne sache pas porter aussi crânement qu'un vainqueur de Longchamp la toque et la casaque aux couleurs du propriétaire. La vie africaine a donc ses fêtes pour les Blancs comme pour les Noirs. Quoi qu'on en ait pu dire, le colonial est un être éminemment sociable. En général, il sait aussi traiter l'indigène avec bienveillance et avec justice et obtenir de lui, sans inutiles violences, la considération et le respect qui sont nécessaires aux peuples colonisateurs pour accomplir leur œuvre de progrès.

Par cette autorité morale plus encore que par la force, nous restons les maîtres incontestés des immenses régions de notre Afrique occidentale, de cet empire dont nous venons de montrer trop rapidement quelques-uns des aspects si variés et qui faisait dire, de façon prophétique, à l'un des premiers qui ont prévu son développement, à M. Onésime Reclus : « Longtemps, on nous a jeté le nom du Sénégal à la face. Mais ce vieux témoin de notre impuissance en Afrique, ce pays décrié, fournaise et marais, est à la veille de s'étendre au loin vers l'Orient. Hier pauvre comptoir, il sera demain vaste empire. Après l'Algérie, nous n'avons rien qui soit aussi digne de la France. »

CHAPITRE V

LES CHEMINS DE FER
LES TRAVAUX PUBLICS

Nécessité primordiale des voies ferrées en Afrique occidentale au point de vue de la colonisation. — La ligne Dakar-Saint-Louis. — Le chemin de fer de Kayes au Niger. — Le chemin de fer de Guinée. — Les voies ferrées de la Côte d'Ivoire et du Dahomey. — La ligne en construction Thiès-Kayes. — Le Transsoudanais. — Travaux publics.

On connaît le mot de Thiers : « Les chemins de fer sont une mode qui passera. » Toute la vie économique et sociale de notre temps a donné un démenti éclatant à l'homme d'État si étrangement aveuglé. Mais s'il est un pays où son erreur paraît encore plus frappante, c'est bien l'Afrique occidentale française. Dans ces vastes régions nouvellement ouvertes au commerce, à l'industrie, à la grande culture, non seulement les voies ferrées marquent un progrès immense, mais elles représentent une condition indispensable de développement et de richesse. En effet, nos colonies d'Afrique occidentale qui ont un hinterland commun, qui sont comme des prolongements distincts vers la mer d'un même territoire central, le Soudan, se trouvent séparées l'une de l'autre par des enclaves étrangères, sans aucune voie de communication naturelle.

Ces voies n'existent pas davantage d'un point à l'autre d'une colonie donnée, alors même qu'un grand fleuve l'arrose, car ce fleuve, à l'image du Sénégal, n'est pas navigable pendant une partie de l'année qui va parfois jusqu'à cinq mois. A la saison des hautes eaux, la navigabilité est loin d'être parfaite, car ici les cours d'eau ne sont pas ces « chemins qui marchent » sans obstacle dont on use ailleurs, mais bien une suite de biefs coupés par des rapides dangereux et des chutes qui obligent à des transbordements fréquents et coûteux. Dans de telles conditions, le bon marché des transports fluviaux ne peut plus se maintenir. Il faut compter avec les lenteurs, les avaries, le magasinage. On est obligé de préparer de grands approvisionnements dont une partie se détériore. Tant que n'apparaissent pas les hautes eaux, les entrepôts restent bondés de marchandises, tandis que dans les villes, dans la brousse, sur les fleuves qui arrosent les vastes plaines, sur les rivières qui descendent vers la côte, l'activité des mois de circulation s'est transformée en une torpeur lourde et silencieuse.

Aussi n'est-ce guère qu'autour du grand bief navigable du Moyen-Niger qu'à différentes époques des centres relativement importants de civilisation, comme Segou, Djenné, Tombouctou, ont pu s'établir et durer. Ces difficultés de pénétration des régions les unes par les autres expliquent la longue et inéluctable stagnation africaine. Le monde noir ne restait pas moins fermé à l'action civilisatrice extérieure, isolé qu'il était derrière ces barrières que furent jusqu'à nos jours les mornes et redoutables immensités sahariennes, la côte inhospitalière où sévit la barre perfide et l'impénétrable rideau de la mystérieuse forêt équatoriale. Il semble donc bien que la première tâche de ceux qui venaient ouvrir à la civilisation le continent plein d'inconnu était d'aménager les rares points d'accès maritime naturel, de corriger, là où c'était possible, les défectuosités des voies fluviales, mais surtout de créer des voies de pénétration artificielle, des chemins de fer.

En dehors des difficultés physiques dont nous venons de parler, il y avait une autre raison impérieuse de hâter en Afrique occidentale l'établissement de voies ferrées : c'est leur action éminemment bienfaisante et pacificatrice sur les populations indigènes. Cette locomotive qui constitue le si juste symbole du progrès industriel porte en elle une puissante vertu civilisatrice. Ce ne sont pas seulement des hommes et des produits qu'apporte sa course audacieuse au milieu d'une brousse où hier encore les éléphants et les fauves étaient les seuls maîtres : ce sont l'ordre, la sécurité et la richesse. On a remarqué qu'en raison des nécessités du portage et des réquisitions souvent obligatoires, une route d'étapes fait le vide autour d'elle. Au contraire, une ligne de chemin de fer ou de navigation à vapeur ramène la population et, avec elle, une féconde et joyeuse activité.

Ce phénomène, on l'a constaté clairement pour la première fois sur la ligne de Dakar à Saint-Louis. Dans ces vertes régions du Cayor où, si peu de temps auparavant, les cavaliers du damel pressuraient les populations et rançonnaient les caravanes, le passage des trains à toute vapeur fit merveilleusement éclore une étonnante activité agricole. Des deux côtés de la voie, les *lougans* (terres cultivées) se multiplièrent et, à l'époque de la traite des arachides, une foule affairée et bienveillante circula sur la ligne. Une transformation du même genre s'est reproduite sur la ligne de Kayes à Koulikoro. La ligne de Konakry au Niger a vu s'élever le long de son parcours des villes nouvelles comme Kyndia et Mamou. Partout où passe le rail, le pays apparaît transformé. C'est le cas de répéter le mot si juste de Stanley : « L'Afrique occidentale appartiendra à la nation qui construira le plus de chemins de fer et qui les construira le plus vite. »

Il y a là une situation particulière dont il importe

de bien se pénétrer. Alors que dans la plupart des autres pays lointains un état de civilisation souvent même des plus avancés a pu s'établir avant la création de chemins de fer, en Afrique occidentale aucun progrès n'est possible dans une direction quelconque sans cette création. On ne peut même concevoir, sans elle, l'accession de toute cette partie du continent noir à la vie économique, en dehors de quelques zones côtières extrêmement restreintes.

Un homme dont le nom restera attaché à la grande œuvre des travaux publics en Afrique occidentale française, M. le colonel Cornille, résumait admirablement la question, lorsqu'il écrivait : « La conviction est faite actuellement dans tous les esprits qu'aucun progrès matériel et moral n'est possible sans les voies ferrées dans nos colonies d'Afrique : pacification assurée, accélération des échanges commerciaux, développement des productions agricoles, diminution progressive du portage à tête d'homme, modification profonde de l'état social actuel des indigènes par la facilité qu'aura de plus en plus l'homme libéré d'aller louer son travail dans les centres actifs de la colonie, tels sont les bienfaits de la voie ferrée dont on peut dire qu'elle est, en ces pays, non seulement un instrument d'administration et de progrès matériel, mais encore un outil de progrès social. »

Cette œuvre, comment a-t-elle commencé et de quelle façon s'est-elle poursuivie jusqu'à ce jour? Il semble bien qu'à l'origine aucun plan d'ensemble n'y a présidé et qu'elle a poussé ses premiers pas en avant comme guidée seulement par l'intuition secrète de ses destinées futures. A cette époque, quatre tronçons, n'ayant entre eux aucun lien, partent à peu près simultanément de la côte, au Sénégal, en Guinée, à la Côte d'Ivoire et au Dahomey. Où vont-ils? A quel point exact doivent-ils s'arrêter? Personne ne pourrait le dire à coup sûr. Mais arrive 1902. Le Gouvernement général est organisé. En outre, notre action dans la boucle du Niger a été reconnue par la convention franco-anglaise de 1898. L'étendue de nos possessions est nettement précisée. C'est le moment d'établir un système général de voies ferrées qui utilise le passé et prévoie l'avenir.

Dès lors, l'unification du réseau s'impose. L'objectif qui se présente avec évidence consiste à poursuivre les travaux des quatre lignes partant de la côte et à en faire des voies de pénétration aboutissant au bassin du Niger. Plus tard, les extrémités de ces quatre lignes seront réunies par une ligne transversale qui sera leur base commune. Cette voie suppléera le Niger dont elle suivra à peu près la direction. Elle reliera Dakar sur l'Atlantique avec Say, à l'extrémité du cours moyen du grand fleuve africain. Ce sera le Transsoudanais.

Dans l'avenir, des lignes secondaires et des embranchements ne manqueront pas de se souder. à ce schéma et il restera encore à étudier la question si intéressante et si controversée des communications par voie ferrée à travers le Sahara entre nos colonies d'Afrique occidentale et l'Algérie. Désormais donc, ces fertiles régions que la nature a tenues jalousement jusqu'à ce jour dans l'isolement et le mystère pourront se déverser librement les unes dans les autres, échanger leurs produits, s'offrir sans obstacle à une incessante circulation. C'est qu'elles auront subi une seconde conquête, point sanglante celle-ci, toujours certaine et qui constitue une victoire aussi bien pour l'occupant que pour l'indigène : celle du chemin de fer.

La première ligne percée en Afrique occidentale est celle de Dakar à Saint-Louis dont l'inauguration remonte à 1885. Son développement est de 265 kilomètres. La presque totalité de sa traversée s'effectue à travers les régions verdoyantes du Cayor. La construction de cette ligne reliant les deux centres principaux de la colonie a été entreprise surtout dans un but stratégique et c'est cependant du point de vue commercial qu'elle tire aujourd'hui sa plus grande utilité. Par elle, la pacification du pays a été rapide et c'est surtout par elle aussi que ce pays jadis stérile et foulé sans répit par des chevauchées sanglantes et pillardes s'est métamorphosé en un immense champ de culture et s'est révélé la zone la plus riche de la production de l'arachide, la principale ressource de la colonie. De la fin de décembre à celle de mars, tant que dure l'époque de la traite, les stations de la ligne Dakar-Saint-Louis constituent les principaux centres d'expédition. Elles marquent ce qu'on appelle dans le pays « les escales d'arachides ». L'exploitation atteint alors son maximum et la Compagnie doit assurer quotidiennement quatorze trains facultatifs en plus des trains réguliers. Et quelles recettes inespérées, bien faites pour surprendre les coupables ignorants qui s'obstinent à considérer le Sénégal comme une terre de misère et de mort ! Cette surprise s'est même produite chez les hommes d'initiative qui ont présidé à la construction de la ligne. Ceux qui la préconisaient jadis déclaraient faible l'intérêt économique de l'entreprise et s'attendaient à ce que, durant de longues années, les recettes fussent loin de couvrir les dépenses d'exploitation. Ils insistaient sur l'utilité politique et militaire de la ligne et envisageaient comme un idéal difficile à atteindre une recette kilométrique de 1 500 francs. Elle arrive aujourd'hui à 13 et 14 000 francs ! Non seulement les dépenses d'exploitation sont couvertes, mais les avances faites par l'État commencent à être remboursées et l'exportation des produits de la région, qui ne dépassait pas au début 5 à 6 000 tonnes, est plus que décuplée.

Faisons un rapide parcours sur ces rails qui ont incendié, les premiers, de leur métallique éclat, la brousse jusqu'alors vierge de tout chemin. Dans la brise de mer matinale, sous un ciel d'une lumineuse limpidité, le train de sept heures nous attend en gare de Dakar. Bien modeste, la gare : un petit bâtiment de pierre crépi de jaune à un étage, flanqué de deux étroits pavillons, le tout à peine plus grand qu'une maison de garde-barrière de chez nous. C'est qu'elle n'a pu encore être reconstruite par suite de l'exécution des travaux du port dont les magasins et les entrepôts couverts de tuiles rouges ne nous laissent apercevoir que d'étroits morceaux de mer bleue et scintillante. Des employés européens casqués de blanc ou des Noirs tout enorgueillis de leur casquette brodée s'occupent de l'enregistrement et du transport des bagages, les seconds malgré la hâte ambiante n'arrivant pas à se départir de leurs allures d'apathique tranquillité.

Plus calmes encore, des groupes d'indigènes attendent le moment du départ : grands Ouolofs aux formes maigres nageant dans de larges remous de toile blanche ou bleue, la calotte de velours ou de cotonnade fièrement érigée sur le crâne luisant comme une boule d'ébène vernie; femmes couronnées, sous le madras bariolé, d'un rang de petites tresses raides comme des bigoudis, regardant placidement autour d'elles de leurs grands yeux lents et doux de gazelles, immobiles, silencieuses, le sourire enjoué et bon enfant toujours prêt à paraître au coin des lèvres épaisses, les unes en boubou et pagne à rayures, d'autres, les catholiques, en longues robes unies droites et flottantes; enfants graves et toujours sages aux yeux brillants d'escarboucle, accroupis sur la terre charbonneuse ou liés au dos des mères. Tous ceux-là, ce sont les voyageurs de 3ᵉ classe, un appoint considérable dans les bénéfices du chemin de fer. Les indigènes se déplacent en effet fort souvent au Sénégal et les transports en 3ᵉ classe sont en progression constante, surtout au moment de la traite des arachides dans cette belle province du Cayor peuplée et commerçante.

Le coup de sifflet du départ vient de résonner. Nous voilà partis. Le paysage est d'abord assez peu riant. Le long de la mer bleue que moire le grand soleil, d'énormes baobabs dressent au-dessus d'une plaine au sol rougeâtre leurs branches torses et défeuillées, semblables à des racines, d'où pend avec une verticalité de fil à plomb le fruit à écorce grisâtre qu'on dénomme ici « pain de singe »; des palmiers reproduisent à profusion leurs sveltes colonnettes et leurs larges fronts de grandes feuilles échevelées, chassées, immobilisées dans une direction uniforme en même temps que couvertes de tons de rouille par un vent qui dessèche et brûle. Çà et là, on rencontre des alignements parfaitement symétriques de toits ronds et pointus de chaume. Ce sont des villages lébous.

Des petits enfants tout nus, au ventre rebondi, accourent vers le train de toute la vitesse de leurs jambes maigres et agiles. Dans les lougans environnants, des hommes, des femmes redressent un torse ruisselant penché sur la *daba* (houe indigène), pour nous regarder passer avec un large sourire qui éclaire soudain leur face d'ombre de la blancheur éclatante des dents et des yeux. On nous fait des gestes d'amitié, on nous envoie des paroles de bienvenue. Appuyés sur le balcon de fonte de la petite galerie qui longe chaque wagon, les voyageurs de 3° classe répondent avec un air d'amabilité familière et des mines pleines d'expansion heureuse « *N'diam, n'diam...* Bonjour, bonjour, comment vas-tu? comment ça va-t-il chez toi? » Des éclats de rire fusent. Puis, quand la brousse se fait de nouveau solitaire, nos voisins à face d'ébène reprennent leurs lentes et interminables conversations, à moins qu'une chanson ouolof, mélopée gutturale et traînante, ne soit entonnée par quelque grand gaillard à la mine hilare et ne se mêle au bruit de trépidation du convoi.

O l'inextinguible provision de gaîté de la race noire!

Le train stoppe souvent. Voici d'abord des haltes où des cris aigus et joyeux, des appels enfantins et chanteurs saluent notre arrivée. Derrière la barrière de la voie, de jeunes marchandes nous offrent des kolas, des bananes, des cannes à sucre. Ce sont les villages de Hann, Tiaroye, M'Baou. Puis, des files de wagons, des entassements de sacs, des navires immobiles sur l'Océan ensoleillé nous annoncent Rufisque, le port de l'arachide. Bientôt le paysage va changer: la brousse se fait plus dense, les arbres se pressent davantage, d'un même beau vert intense et cru. Bananiers, rôniers, gommiers, indigotiers, citronniers, fromagers, arbres à pain entrelacent étroitement leurs feuilles.

Au milieu de cet océan de verdure, les gares des escales d'arachides marquent les arrêts du train : Sébikotane, Pout, Thiès, Tivaouane, Pire-Gouraye, N'Gaye-Mekhé. Toutes construites sur le même type, ces gares, bien que variant de dimensions suivant l'importance. Ce sont des bâtiments à un étage entourés d'une vaste véranda garnie de toile métallique. Kelle! Malgré la chaleur qui devient accablante, un mouvement se produit parmi les voyageurs européens. C'est que le soleil a déjà passé le zénith et qu'il est l'heure de déjeuner. Kelle possède un buffet vers lequel chacun se pré-

EXPLOSION D'UNE MINE DANS UNE RIVIÈRE DE GUINÉE OU VA ÊTRE
ÉLEVÉ UN PONT DU CHEMIN DE FER. — CLICHÉ FORTIER.

cipite. C'est le moment des rencontres et des surprises autour de la table d'hôte : « Comment? vous
ici! — J'arrive de France et monte au Soudan. Et
vous? — Moi, je reviens de Tombouctou et je
prends le prochain paquebot à Dakar. — Veinard!
— Que voulez-vous! chacun son tour. »

Puis c'est, de nouveau, l'élan rapide à travers le
splendide Cayor. A mesure qu'on monte vers le
nord, le flot des voyageurs indigènes emplit de plus
en plus les gares, encombre toujours davantage les
wagons. Parmi les piles de sacs blancs qui envahis-
sent les quais, une foule bourdonne et s'agite sans
hâte, dégageant cette senteur caractéristique à la
fois fade et pénétrante qu'on appelle ici « l'odeur
bougnoule ». Singulier mélange d'accoutrements où
les boubous et les longues robes d'importation
marocaine voisinent avec les tenues burlesques :
vestons ou pantalons de toile usée, redingotes,
voire même caoutchoucs et ulsters, dons de quelque
généreux Européen. Çà et là, des chemises empe-
sées flottent au-dessus de larges pantalons sénégalais. Certains dandys exhibent des pantalons ou
des tuniques militaires achetés dans on ne sait
quel décrochez-moi-ça. De nombreuses dames au
teint de poix circulent au milieu de ce remous de
têtes où se retrouve la gamme complète des tons
noirs. Leur enfant au dos, pauvre bébé qui subit
toutes les bousculades, elles babillent, minaudent,

échangent d'interminables politesses avec leurs connaissances des deux sexes.

Voici les grandes escales : N'Dande, Kébémer, Goumbo-Guéoul et surtout Louga, le plus important marché, le grand centre de concentration de l'arachide. C'est un incessant va-et-vient d'hommes affairés et de bourriquots chargés de sacs entre la gare et les factoreries. Et, de nouveau, le train reprend sa course vers Saint-Louis. La verdure commence à s'éclaircir, puis peu à peu elle cesse pour faire place à de grandes plaines nues et à des lignes de hauteurs peu élevées que recouvre une végétation de plus en plus avare. A l'occident rosé, le soleil est déjà tout près de l'horizon. C'est l'heure du Moghreb, l'instant solennel et sacré pour tout bon croyant.

Un voyage en chemin de fer ne saurait dispenser de la prière et des ablutions. Vienne un arrêt, Sakal ou Rao-Poundioun, et nous verrons les joyeux voyageurs de 3ᵉ classe devenir soudainement graves et descendre de leur wagon, tenant en main une petite bouillotte à l'émail bleu de modèle traditionnel et uniforme. Ils s'accroupissent, versent sur leurs mains l'eau lustrale, s'agenouillent sans autre précaution sur le gravier du ballast, prosternent sur les cailloux pointus leur front rasé et lisse. C'est tout l'Islam qui vient d'apparaître avec la puissance séculaire de sa gesticulation sacrée, contrastant étrangement avec cette gare à colonnes de fonte, ces wagons, cette locomotive qui disent le monde moderne et la civilisation occidentale. Mais, pour qui séjourne quelque temps dans ces régions, ce contraste cesse bientôt d'étonner, et c'est la preuve qu'en [pays noir l'accord peut se faire entre notre domination, nos mœurs, et cette religion mahométane si superficiellement signalée comme un péril. Enfin, le paysage s'aplatit encore davantage. Les marais se succèdent, baignant d'épaisses touffes de palétuviers sombres. Une route longe la voie. On y voit galoper des cavaliers : officiers français, chefs Maures ou Ouolofs. Là-bas, dans la brume du soir, une ville aux toits carrés se mire dans un fleuve. Nous sommes à Saint-Louis.

Demandons-nous maintenant quelle voie naturelle d'accès s'offre à nous d'un point de notre colonie du Sénégal, de Saint-Louis, par exemple, au bassin du Niger. Il n'en est qu'une, c'est le fleuve Sénégal, bien imparfaite sans doute, mais néanmoins utilisable, puisqu'elle a été le chemin de la conquête du Soudan. Ses imperfections les plus graves consistent à ne pas être accessible pendant six mois de l'année aux navires calant plus de 0m. 40 et à n'offrir, en aucun temps, de navigabilité au delà de Kayes. Il importait d'établir une liaison entre les biefs praticables du Sénégal et du Niger, afin de drainer sur l'importante escale de Kayes les produits récoltés, à l'intérieur de la fertile boucle que décrit dans son cours moyen le grand fleuve, père des eaux de l'Ouest africain. C'est à cette nécessité que répond le chemin de fer de Kayes au Niger. Son développement qui atteint 555 kilomètres forme l'un des tronçons de la grande route commerciale qui part de Saint-Louis pour aboutir vers Niamey dans la région du Bas-Niger, en passant par Kayes, Bamako, Koulikoro, Segou, Mopti et Kabara (port de Tombouctou).

C'est Faidherbe qui eut le premier l'idée de relier le Sénégal au Niger. Abandonnée par ses successeurs, cette idée ne fut reprise que près de vingt ans après. Des travaux furent alors entrepris du côté de Kayes, mais le climat, la fièvre jaune, les retards dans l'arrivée du matériel les firent échouer. Quelques années après, sous l'impulsion du commandant supérieur, le colonel Gallieni, l'artillerie de marine essayait courageusement de poursuivre l'œuvre interrompue. Décidée à faire revivre celle-ci, l'administration des Colonies confiait peu après une mission préliminaire d'études à deux détachements du génie sous la direction successive des commandants Marmier et Joffre[1]. Ce fut ce même corps du génie qui se vit chargé de la construction de la ligne et qui, sous les ordres d'un homme

1. Devenu chef d'état-major général de l'armée.

CHEMIN DE FER DE KAYES AU NIGER. LE PONT SUR LE BAKOY
(HAUT-SÉNÉGAL-NIGER).

EN GARE DE PORTO-NOVO (CHEMIN DE FER DU DAHOMEY).

à l'admirable énergie, le colonel Rougier, paracheva admirablement son œuvre à travers des difficultés et des épreuves sans nombre : épidémies, arrêts incessants dans la montée du matériel, peine extrême à trouver des ouvriers aptes aux ouvrages d'art.

Pour exécuter notamment les piles et les culées du pont du Galougo, on dut recourir à des Marocains et même à des Chinois qui moururent, les uns et les autres, victimes du climat. Il fallut bientôt aller chercher au Sénégal les ouvriers d'art nécessaires. Quant aux manœuvres et aux terrassiers, les races du pays, Bambaras et Toucouleurs, en fournirent d'excellents. On employa en outre aux travaux de la ligne les prisonniers faits sur notre ennemi Samory. Parfois les griots ou improvisateurs populaires, qui accompagnaient le terrible chef noir, se glissaient subrepticement parmi les rangs de ces travailleurs par force. Quand ils se sentaient loin de toute surveillance, ils leur chantaient leurs exploits de jadis et leur faisaient honte de leur situation présente. Les pauvres guerriers devenus serfs des blancs sentaient alors renaître en eux l'ardeur d'autrefois. Les larmes coulaient sur leur face de bronze et, à la première occasion, ils désertaient. Mais il n'en resta pas moins un grand nombre à frayer de leurs bras robustes habitués à détruire la voie par laquelle devait venir, en souveraine victorieuse, la civilisation.

Partie de Kayes, la voie ferrée atteint le Niger à Bamako, port du bief d'amont du Niger et se prolonge jusqu'à Koulikoro, port amont du bief moyen d'aval et centre de la navigation sur le Niger. C'est de Koulikoro que partent les vedettes postières qui se dirigent vers Tombouctou et Niamey, et les chalands surmontés d'une cabine blanche qui emmènent le long du fleuve les membres de l'Administration en tournée. C'est là que sont établis les ateliers de construction et de réparation de la flottille fluviale ainsi que le grand hôtel, très confortablement installé sur le plateau qui domine la vallée, où les voyageurs attendent le train qui va les ramener vers la France ou le navire qui va les conduire plus avant dans l'intérieur. Plus encore que le buffet de Kelle, l'hôtel de Koulikoro est un endroit traditionnel de rencontres cordiales et imprévues où l'on se félicite, où l'on se souhaite bonne chance, où l'on se serre les mains avec un peu de l'émotion qu'éprouvent toujours ceux qui savent être longtemps sans se revoir.

La ligne, après avoir quitté Kayes, passe auprès de la vieille ville sénégalaise de Médine, évocatrice du Sénégal héroïque et de la belle défense qu'y firent en 1855 le mulâtre Paul Holl et le sergent Desplats assiégés par El-Hadj-Omar et délivrés par Faidherbe. Elle remonte ensuite la vallée du Sénégal à travers des régions riches en humus et partout cultivables, où, au milieu de verdures basses et peu denses, de nombreux marigots serpentent entre les roseaux et les mousses au pied d'assez hauts plateaux de latérite brun-rouge qui ont nécessité de nombreux travaux d'art. Un pont de 400 mètres franchit le Bafing, l'une des deux rivières dont est formé le Sénégal; plus loin un autre enjambe la seconde de ces rivières, le Bakoy, au gué de Toukoto. Toukoto marque à peu près la moitié du voyage et possède pour cette raison un hôtel où il est d'usage de passer la nuit entre les deux journées de chemin de fer que représente le voyage.

En cet endroit, le panorama charme par sa beauté. Du large fleuve émerge une île verdoyante où l'administration du chemin de fer a créé de magnifiques potagers. Sur la rive droite, à une vingtaine de mètres, s'élève, rougeâtre, découpée, déchiquetée, une longue falaise rongée par les eaux. De ces murailles de grès ou de latérite, aux tons de brique usée, à la couronne de végétation basse, des pentes abruptes, des hauts plateaux chevelus, nous allons en trouver jusqu'au Niger qui, ensuite, de Bamako à Koulikoro, roule parmi les roches noires le flot impétueux de ses rapides, au-dessous d'une haute ligne de mamelons rocheux érigeant fièrement sur la rive gauche leurs éboulis de roches et leurs crêtes touffues.

Le train passe entre cette ligne et le fleuve tourmenté de furieux remous. Sur ces wagons de marchandises découverts dénommés trucs, des voyageurs aux vêtements presque uniformément blancs ou bleus s'entassent au milieu de paquets multicolores, assis sur le plancher en un joyeux pêle-mêle, causant, riant, chantant. Ce sont les voyageurs de 3e classe, les Noirs des deux sexes auxquels, sur cette ligne encore récente, l'administration du chemin de fer ne peut donner davantage pour leur argent. Le train ne manque cependant pas de confortable et possède notamment un wagon-restaurant. L'exploitation de la ligne rapporte de fort belles recettes : plus de 6 000 francs par kilomètre. Il faut rapporter en grande partie l'honneur de ce succès au directeur du chemin de fer, M. Digue, que l'on n'appelle dans le pays que « le commandant » Digue, car il y vint avec ces officiers et ces sapeurs du génie qui furent les ouvriers de cette belle œuvre.

La construction de la ligne de Konakry au Niger ne s'imposait pas avec moins d'évidence. Sa nécessité avait frappé, dès son entrée en fonction, le gouverneur général Ballay. Quel développement économique et commercial donner, en effet, à cette belle colonie de la Guinée française, tant que les Noirs du haut pays si riche en caoutchouc seraient forcés de rester éloignés de leurs villages pendant

KOUROUSSA, PLACE DU MARCHÉ. CETTE VILLE SE TROUVE
AU TERMINUS DU CHEMIN DE FER DE GUINÉE.

MARCHÉ DE KOULIKORO (HAUT-SÉNÉGAL-NIGER). CETTE VILLE EST
SITUÉE AU TERMINUS DU CHEMIN DE FER DE KAYES AU NIGER.
— CLICHÉS FORTIER.

des semaines pour transporter jusqu'à la côte leurs charges de 25 à 30 kilogrammes? Orienté du sud-ouest au nord-est, le chemin de fer de la Guinée se dirige en une ligne à peu près droite pour aboutir à Kouroussa, sur le Niger, point jusqu'où il vient d'être mis récemment en exploitation.

Mais son terminus normal, c'est Kankan, gros village indigène et marché principal du caoutchouc dans ces régions, Kankan qui se trouve sur un affluent du Niger, le Milo, plus facilement navigable que le grand fleuve africain. Nul doute que la ligne ne soit prolongée, quand en viendra l'heure, de Kouroussa à Kankan, car la liaison sera ainsi plus directement et plus rapidement établie entre les produits de la Haute-Guinée et le wharf de Konakry où les bateaux peuvent accoster en tout temps. Il suffira de moins de deux journées pour en assurer le trajet.

Construite sous l'active direction d'un ancien capitaine du génie, M. Salesses, la ligne de Konakry au Niger mesure 595 kilomètres. Elle se déroule au milieu d'un des plus beaux pays du monde. En quittant les épaisses et majestueuses verdures des îles de Los, elle passe au pied de l'imposant massif granitique du Kakoulima qui érige à plus de 1000 mètres sa cime majestueuse. Bientôt, il lui faut gravir des pentes, serpenter au flanc de monts à carapace brune et franchir dans sa course audacieuse les défilés et les passes étranglées du Fouta-Djalon, au pied de sommets aux flancs larges et aux crêtes arrondies. Hardi, persévérant, irrésistible, le rail grimpe, monte, descend, recommence vingt fois son ascension pour aller aboutir dans les vallées de la Haute-Guinée où la brousse semble abandonnée et déserte, où les villages sont clair-semés et ont commencé d'instinct par s'éloigner de la ligne. C'est cependant la région active, d'où partent les caravanes qui vont échanger le caoutchouc et l'ivoire contre les articles européens. C'est aussi une région de coton, où cette culture progresse, maintenant que les produits du pays vont prendre un essor rapide vers la mer.

Sur le parcours de la ligne de Guinée, comme sur celles des colonies voisines, dès la mise en exploitation, sont apparus le travail, la prospérité et la richesse. C'est ainsi qu'elle a vu éclore sur son passage et grandir de façon stupéfiante en quelques mois deux centres commerciaux qui ont déjà acquis une grande importance : Mamou et Kyndia. Effrayés d'abord par la présence et les travaux des blancs, les indigènes de Haute-Guinée, ces Foulas, pasteurs dédaigneux et fiers qui disent que leurs mains sont trop petites pour travailler, se rapprochent peu à peu du rail, et le jour viendra bientôt où l'on trouvera en eux des commerçants et des producteurs. Leurs répugnances du début ont rendu singulièrement difficile aux officiers chargés des travaux le recrutement de la main-d'œuvre. « Les Foulas s'enfuyaient, me disait un de ces officiers, le capitaine Garnier. Les autres travailleurs, Soussous ou autres, n'étaient pas attirés davantage par les chantiers. C'était l'impuissance absolue. Une tentative infructueuse d'emploi de la main-d'œuvre sénégalaise ne fit qu'aggraver le mal. Aujourd'hui heureusement, nous avons organisé un fonctionnement régulier de travailleurs à la tâche à côté desquels se groupent des travailleurs venus de tous les points du pays. »

En effet, les travaux du chemin de fer présentent actuellement en Guinée une animation extraordinaire. J'ai pu m'en rendre compte, en suivant le tracé inachevé de la voie, de Timbo à Kouroussa. Souvent, tandis que je cheminais à travers les solitudes silencieuses, à l'ombre des fromagers géants, les sons mêlés d'un tambour et d'un flageolet m'arrivaient, portés par l'atmosphère légère et chaude. C'était l'indice qu'il y avait non loin de là un atelier de terrassiers.

Bientôt, sur le remblai de sable ferrugineux à la teinte de rouille, apparaissait une nombreuse équipe de travailleurs Malinkés remuant la terre à grand renfort de coups de pioche et de pelle, tandis que les deux musiciens obligatoires de tout effort collectif des Noirs s'escrimaient sur leur instrument, pour soutenir par le rythme l'ardeur toujours prête à défaillir de leurs camarades. Des Blancs, chefs d'équipe ou contremaîtres, surveillaient l'ouvrage. On trouvait parmi eux un grand nombre d'Italiens. Comme j'en faisais la remarque au capitaine Garnier, il me fit cette réponse topique : « Que voulez-vous, les Français ne viennent pas : ils trouvent qu'on ne les paye pas assez cher. »

De tous les chemins de fer de l'Afrique occidentale française, le moins avancé, c'est celui de la Côte d'Ivoire. La ligne qui est destinée à traverser ces régions encore mal pénétrées doit aller d'Abidjean à Kong et mesure 500 kilomètres. Pour le moment, elle s'arrête à Bouaké, à environ 170 kilomètres. Cette ligne répond à un but particulier : percer l'immense forêt vierge qui couvre le pays, des lagunes du littoral jusqu'au delà du Tanot, ouvrir une communication permettant d'accéder rapidement et sûrement dans la région du Baoulé et réunir ainsi à la côte le fertile et peuplé plateau soudanais. C'est là le meilleur moyen de tenir en main et de surveiller des populations encore sauvages et souvent même anthropophages comme les Abbés, les Ebriés, les Agni. On sait quels ravages ont faits les premiers sur la ligne et comment ils cernèrent dans la gare d'Agboville le lieutenant Boudot et ses tirailleurs qui s'y défendirent héroïquement.

CONSTRUCTION D'UN PONT SUR LA RIVIÈRE N'SI (CHEMIN DE FER DE LA CÔTE D'IVOIRE). — CLICHÉ FORTIER.

TRAVAUX DU CHEMIN DE FER DE PORTO-NOVO A SAKÉTÉ (DAHOMEY). CLICHÉ GUIBERT.

Cette percée de la locomotive en Côte d'Ivoire à travers un déchaînement formidable de verdure est l'œuvre du capitaine du génie Thomasset. Jamais peut-être l'homme de science moderne n'a eu à se mesurer de façon plus saisissante avec la nature vierge et primitive. La ligne, qui d'Abidjan se jette à corps perdu dans ce mystère de verdure, offre un contraste étonnant jusqu'à l'invraisemblance. Au milieu, la voie ferrée, le matériel roulant, les tas de charbon, tout l'attirail de la vie industrielle. Des deux côtés, le monde originel dans ses élans les plus vertigineux, dans ses manifestations les plus follement exubérantes, un prodigieux embroussaillement d'arbustes aux fleurs éclatantes, d'arbres géants confondant leurs hautes chevelures, de lianes aux sinuosités infinies. On pourrait se croire aux premiers temps de l'humanité, si, de temps en temps, de petites gares, aux noms indigènes, ne nous rappelaient au juste sentiment de l'âge moderne.

Au Dahomey, la ligne de Kotonou au Niger doit avoir 700 kilomètres. Elle est actuellement arrivée à Savé, à 260 kilomètres, au milieu d'une région fertile propice à la culture de l'arachide et du coton. Désormais, grâce au chemin de fer, ces produits qui ne pouvaient autrefois circuler, arriveront très aisément à la côte d'où ils pourront être dirigés sur les ports d'Europe. C'est une phase nouvelle dans l'existence de cette riche et laborieuse colonie qui exporte annuellement près de 40 000 tonnes d'huile et d'amandes de palme et où l'on rencontre le caoutchouc, le café, le cacao, le tabac, le maïs, etc. Des deux côtés de la ligne, de nouvelles factoreries se montent sans cesse au milieu des *gletas* (champs de culture). Par une grâce toute spéciale, le problème de la main-d'œuvre, si difficile ailleurs, ne se pose pas parmi ces populations intelligentes et infiniment plus douces que ne le ferait supposer la légendaire réputation de barbarie du vieux Dahomey. « Nous sommes ici dans la région la plus peuplée de toute l'Afrique occidentale, me disait le directeur du chemin de fer, M. Bernis. Quatre mille travailleurs indigènes ont pu être réunis en même temps sur les chantiers et recrutés sans peine par l'intermédiaire de leurs chefs naturels. La manière dont était réparti le travail leur permettait de ne pas négliger leurs cultures. » Le Dahomey a également fait construire une petite ligne qui mesure 35 kilomètres et qui va de Porto-Novo à Sakété, tout près de la frontière allemande. Très fréquentée par les commerçants indigènes de race Nago, elle est d'un excellent rapport.

A ces voies, déjà exploitées, il faut joindre la ligne en construction qui doit réunir Thiès sur le parcours du Dakar-Saint-Louis à Kayes, terminus du Sénégal navigable. L'achèvement de cette ligne marquera un immense progrès dans les communications entre les bassins du Sénégal et du Niger.

Comme pour la plupart de nos lignes d'Afrique occidentale, la construction en a été confiée au génie militaire. Un vaillant officier qui a succombé trop tôt aux efforts et aux fatigues qu'il s'est imposés, le commandant Friry, prit le premier la direction de l'entreprise. C'est à sa persévérance et à son énergie qu'on en doit la réussite. Il a bâti à Thiès toute une petite cité d'ateliers, de bureaux, de magasins. Après avoir quitté le Baol, la ligne traversera les plaines encore mal cultivées du Sine Saloum, du Niani Ouli et du Boundou. Elle passera tout près de Kaolak, futur grand marché d'arachides auquel un embranchement la rattachera. Le terminus sera à Ambidedi. Mais en attendant, les efforts et les fatigues ne manquent pas. Il faut lutter contre des obstacles toujours renaissants, franchir ou combler des marigots, attaquer sans relâche à grands coups de pic, de pioche, de mine, les gisements de cette roche ferrugineuse qu'on nomme latérite. Mais la grande question, c'est l'eau : pas de rivière en saison sèche, entre le Sénégal et la Gambie. Or, il faut à un chemin de fer des prises d'eau. Une ligne de puits était indispensable. Hélas ! le terrain sablonneux, meuble à l'excès, s'éboulait, s'affaissait. Heureusement, par un habile procédé dont il était l'auteur, le commandant Friry put creuser ses puits sans crainte de démolition.

Lorsqu'en 1912 tous les travaux des voies ferrées en cours auront été achevés, le réseau de l'Afrique occidentale française s'étendra sur une longueur d'environ 3 500 kilomètres. Ce sera alors le moment d'entreprendre la construction du Transsoudanais. Une ligne transversale partira de Dakar et se dirigera vers le cours inférieur du Niger français, assurant la liaison des autres lignes qui viendront se souder à son rail et unifiant ainsi tout notre réseau de l'Ouest africain. Dès 1902, M. Gaston Doumergue, alors ministre des Colonies, indiquait l'idée générale de cette unification. M. le gouverneur général Ponty en voit la réalisation de la manière suivante. Le chemin de fer du Sénégal au Niger se reliera à Bougouni à celui de la Guinée. Par Sikasso, Bobo-Dioulasso et Boromo, la ligne se dirigera vers Ouagadougou où elle se divisera en deux branches, l'une se dirigeant vers Ansango, point terminus de la navigation sur le bief du Niger le plus animé par le commerce, l'autre parcourant la partie orientale du Mossi et allant rejoindre à Parakou le chemin de fer du Dahomey. De Parakou un embranchement partira dans la direction de Gaya, dernier port sur le bief inférieur du Niger français et point de départ de la route du Tchad. La ligne de la Côte d'Ivoire, en se raccordant à ce système aux environs de Boromo, permettra

OUVRIERS DU CHEMIN DE FER ET LEURS FAMILLES SUR LA LIGNE DE PORTO-NOVO A SAVÉ (DAHOMEY).
CLICHÉ FORTIER.

d'écouler vers le golfe de Guinée les riches produits de la Boucle du Niger. Enfin de Dimbokro, à l'orée de l'immense forêt vierge, ce même chemin de fer détachera un embranchement qui, après avoir longé la frontière libérienne, ira rejoindre la ligne de Guinée à son terminus projeté de Kankan.

L'exécution de ce vaste plan nous donnera un véritable réseau d'État, constituant un merveilleux moyen d'action pour la domination française. En cas de tension politique locale, il lui permettra de porter, en toute rapidité, les forces nécessaires d'un point à un autre. En cas de conflit européen, il assurera la concentration à Dakar de ces troupes noires appelées à collaborer directement ou indirectement à la défense nationale. Mais ce réseau, sillonnant la brousse en tous sens, pénétrant jusqu'au cœur des régions les plus formées à notre influence, unissant dans un mutuel échange des contrées et des races longtemps disparates, sera avant tout un admirable véhicule de civilisation qui fera une unité économique et sociale de cette unité aujourd'hui purement politique qu'est l'Afrique occidentale française.

En dehors de ce grand œuvre des chemins de fer, d'autres travaux publics importants ont été accomplis et le sont encore tous les jours dans notre France d'Afrique occidentale : ponts, routes, wharfs, phares, câbles sous-marins, lignes télégraphiques, postes téléphoniques, aménagement des voies flu-viales, ports, villes entières. De vastes opérations d'assainissement ont été entrepris à Dakar, Rufisque, Saint-Louis, Konakry. Des égouts y ont été établis. Les conditions de navigation du Sénégal ont été sensiblement améliorées par le balisage et l'éclairage. Des dragages de seuils y ont été exécutés. En même temps, on poursuivait les études hydrographiques sur le Niger, on draguait le Saloum, on étudiait à la Côte d'Ivoire la question si utile de la jonction des lagunes Ebrié et Grand-Lahou dont la solution donnera une voie navigable de 200 kilomètres de longueur parallèle à la côte. Des feux fixes ont été installés sur ce littoral sud ainsi qu'aux îles de Los et sur le rivage mauritanien.

Des ingénieurs creusent des ports. Celui de Dakar a été exécuté de façon tellement conforme aux exigences modernes qu'il a servi de modèle aux Anglais pour creuser un nouveau port à Lagos, leur grande ville maritime de Southern Nigeria. On a amélioré le régime inhospitalier des cours d'eau, on a conjuré au moins partiellement le danger des barres perfides qui rendaient jadis à peu près inaccessibles les rivages. Des wharfs métalliques comme ceux de Grand-Bassam, de Kotonou, de Konakry permettent maintenant aux marchandises et aussi aux passagers qui embarquent ou débarquent de franchir en toute sécurité la zone de vagues la plus périlleuse. Où est le temps où les maisons de commerce étaient obligées d'entretenir à grands frais des équipes de Kroumens ou de Minas qui, dans des pirogues spécialement construites à cet effet, allaient à bord des navires chercher la cargaison à débarquer et, par leur adresse audacieuse, leur faisaient passer la barre? Ils se montraient d'une habilité prodigieuse, ces Noirs, et pourtant que de pertes souvent considérables, sans compter les accidents parfois mortels de personnes, l'horreur des engloutissements subits à quelques mètres de la plage devant lesquels on ne pouvait que demeurer impuissant! Si terriblement irrésistible se déchaînait la force du flot effondré en impétueuses masses d'écume que les paquebots, en mouillant devant Grand-Bassam, devaient se contenter de déposer les passagers à destination de la côte à bord d'une vieille goélette solidement ancrée au milieu des vagues, sorte de ponton qui assurait un asile aux voyageurs en détresse, jusqu'au jour où la barre, en calmant un peu sa colère, consentait à se laisser franchir. Cette singulière quarantaine se prolongeait quelquefois près d'une semaine. Il arrivait que la goélette attendît ce temps pour être ravitaillée et que la famine régnât à son bord, à quelques encâblures seulement d'une ville importante.

La construction de wharfs a heureusement mis

fin à ces difficultés et à ces mésaventures. Mais toutefois l'appontement ne peut aller suffisamment loin en mer pour que les navires y viennent accoster. Il ne serait, d'ailleurs, pas assez solide pour que la houle énorme produite par la barre permît de les y amarrer. Les paquebots jettent l'ancre à deux ou trois cents mètres du wharf et de grandes pirogues, où de solides Noirs se démènent à petits coups pressés de rames à palette, viennent chercher les colis à bord et les transportent à l'extrémité de l'appontement de métal rouge où des grues les enlèvent et les déposent sur le tablier. Là, des wagonnets les prennent et glissant sur une voie Decauville, les évacuent rapidement dans les magasins.

Ce même obstacle d'une barre se retrouve à l'estuaire du Sénégal, devant Saint-Louis. Ici, il ne saurait être question de wharf, mais un ingénieur, M. Bouquet de la Grye, a démontré qu'on pouvait obtenir une amélioration par d'autres moyens et des fonds ont été réservés à fin de travaux préparatoires. Malgré les progrès réalisés, Saint-Louis, Grand-Bassam, Kotonou et même Konakry ne seront jamais accessibles qu'aux navires moyens. Ces villes ne constitueront jamais que des centres de transit, des entrepôts. L'unique grand port d'Afrique occidentale, c'est Dakar où les gros bâtiments peuvent aborder à quai et où de vastes terre-pleins reçoivent provisoirement les marchandises à débarquer ou à embarquer. A la Côte d'Ivoire, les travaux de construction d'un bassin pour les navires à Port Bouët devaient faire d'Abidjean la grande ville commerciale de la colonie. Ils ont été submergés, détruits par l'incessante poussée des sables et l'entreprise a malheureusement échoué sans aucun espoir de retour. Enfin, ces autres puissants moyens de civilisation que sont les routes parcourent la brousse en tous sens et tracent le chemin aux caravanes. Il reste encore beaucoup à faire en ce sens au Dahomey et surtout à la Côte d'Ivoire où l'on ne trouve guère que des sentiers sauvages pour percer l'immense forêt vierge qui présente une si redoutable barrière à notre pénétration. Le Sénégal et le Soudan ouvrent de belles voies au commerce. En Guinée, la route de Konakry au Niger construite par l'administrateur Leprince a rendu la circulation beaucoup plus facile et active dans le pays, notamment dans la région du Fouta-Djallon où les Foulas, un peu moins farouches, commencent à se rapprocher de nos postes.

Ainsi notre domination ne peut être accusée d'inactivité. Bien loin de gratter le sable, comme on l'a dit dédaigneusement, le coq gaulois donne toute sa vigilance aux intérêts dont il a pris la charge. Il prodigue à sa conquête ses efforts et ses lumières. De ce pays barbare, si longtemps marais et savanes, terre d'esclavage et de mort, il est en train de faire un État solide d'unité, d'ordre et de raison. Quelques années seulement lui ont suffi pour arracher le continent mystérieux à ses ténèbres et à sa léthargie séculaire.

CHAPITRE VI

LE COMMERCE ET L'INDUSTRIE

Origines du commerce français en Afrique occidentale. — Grandes compagnies commerciales. — La factorerie. — Nécessité de l'expérience pour le commerçant européen. — Comment se font les affaires. — Une visite à un commerçant dans la brousse. — Les abus et le « coxage ». — Principaux articles de négoce. — Trafiquants syriens et indigènes. — Défauts de notre commerce national. — La question monétaire. — L'industrie. — Les mines. — L'usine de l'*Association cotonnière française* à Segou.

ON dit assez généralement que les colonies sont faites pour le commerce. Il serait plus exact et plus prudent de dire que c'est le commerce qui est fait pour les colonies. Il ne faudrait pas en effet que les trafiquants les considèrent jamais comme des terres indéfiniment exploitables sur lesquels il leur est loisible de s'abattre et de prélever des bénéfices scandaleux. En revanche, le commerce est assurément le meilleur moyen de colonisation, en ce qu'il sème partout la vie autour de lui, qu'il fait circuler les produits et le numéraire et qu'il met en rapports constants l'Européen et l'indigène.

Ce n'est pas d'aujourd'hui que des relations de négoce ont été liées entre notre pays et la côte occidentale d'Afrique. Dès l'année 1626, le Sénégal était exploité par une association de marchands de Dieppe et de Rouen approuvée par le cardinal de Richelieu et dite *Compagnie normande*. Puis viennent les compagnies privilégiées de Colbert. Le trafic sur mer et aux colonies prend alors un tel essor et jouit d'une telle faveur qu'un arrêt royal décide que les nobles peuvent s'y livrer sans déroger. La *Compagnie des Indes occidentales* puis celle du *Sénégal* obtiennent le privilège exclusif de la traite, du cap Blanc au cap de Bonne-Espérance. Ce privilège dura jusqu'à la Révolution, époque où les habitants de Saint-Louis demandèrent la liberté du commerce. Le commerce du Sénégal n'en resta pas moins soumis à une minutieuse réglementation, particulièrement la traite de la gomme. Il y avait encore sous la monarchie de Juillet un corps limité de traitants dont la liste était dressée par le gouverneur de la colonie. En outre, il fallait payer à chaque escale des coutumes aux Maures et à l'almamy du Fouta. Ce n'est qu'en 1904 qu'on a définitivement cessé de payer ces coutumes aux Maures. Quant aux articles de négoce dans le passé, c'étaient la gomme, les cuirs, l'ivoire, l'ambre gris, les plumes, les peaux, la poudre d'or et principalement le « bois d'ébène » : les esclaves achetés à la côte que les bâtiments négriers entassaient dans leur entrepont pour être transportés aux Iles.

Aujourd'hui, le commerce national considérablement étendu s'exerce sur toute la surface de l'Afrique occidentale française. Le tarif douanier est la seule barrière qui puisse lui être opposée et encore tous les droits à la sortie ont été supprimés, sauf pour le caoutchouc. On trouve là-bas comme partout deux formes de commerce : le grand et le petit. Le grand commerce est presque entièrement aux mains d'importantes Compagnies disposant de nombreux moyens d'action et de capitaux considérables. Les plus notoires sont les maisons Devès et Chaumet, Maurel et Prom, Maurel frères, Buhan et Tesseire, la *Compagnie Niger-Soudan* et surtout la *Compagnie française de l'Afrique occidentale* qui a établi ses comptoirs au Sénégal, en Guinée, à la Côte d'Ivoire, au Dahomey et jusqu'en Nigeria anglaise. Notre amour-propre national peut retirer quelque fierté de la maison de commerce que cette dernière Compagnie a ouverte dans la ville britannique de Lagos et qui est actuellement la plus belle et la plus prospère de cette ville au trafic incessant. A côté de ces Compagnies et sur une échelle moindre, certains particuliers ont monté seuls de florissantes maisons. Ce sont généralement d'anciens employés de grandes sociétés.

Ces vastes entreprises commerciales sont puissamment organisées et font de gros bénéfices. En 1909, par exemple, la *Compagnie française de l'Afrique occidentale* a fait pour près de 40 millions d'affaires dans ses divers comptoirs, ce qui représente un bénéfice net de plus de 3 millions de francs. Le conseil d'administration de cette Société s'est plu à rapporter ces brillants résultats à l'organisation administrative et aux bienfaits de l'action colonisatrice. Il faut voir là un heureux symptôme d'entente entre les fonctionnaires de la colonie et les commerçants, entente qui aura, d'ailleurs, été assez lente à se produire, les uns et les autres ayant conservé trop longtemps l'habitude de comprendre leurs intérêts de façon distincte, contradictoire, hostile même. On peut reprocher, encore aujourd'hui, à plus d'un administrateur de considérer le commerçant avec hauteur et dédain, de même que celui-ci est fréquemment poursuivi de la fâcheuse manie de chanter pouille aux bureaux qu'il accuse régulièrement de ses déboires.

Les compagnies commerciales ont établi leur siège central au chef-lieu de la colonie ou dans un de ses ports principaux. Là se tient l'agent général. Dans les grandes agglomérations de l'intérieur, des comptoirs ont été installés sous la direction d'employés européens d'importance moindre. Des traitants noirs sont jugés suffisants pour représenter la Compagnie dans les villages indigènes connus pour des centres de production et de négoce. On les choisit parmi les jeunes gens intelligents parlant bien français, désignés par l'instituteur du village indigène comme ayant été de bons élèves et souvent pourvus du certificat d'études primaires, ce qui est, d'ailleurs, un titre parfaitement superflu.

Les maisons de commerce un peu importantes portent généralement le nom de factorerie. Tous les mêmes, aux dimensions près, ces comptoirs où le Noir se mêle sans cesse au Blanc. En bas, la boutique de détail, les bureaux du directeur et des comptables, la caisse. A l'unique étage qu'entoure une large véranda, la salle à manger commune et les chambres des employés. Tout autour de cette construction, sur un plan rectangulaire, sont disposés les magasins de dépôt, les hangars pour les matériaux de construction et les marchandises à expédier ou à emmagasiner. Plus loin, les cases des manœuvres noirs et souvent le caravansérail privé où logent les *dioulas* (colporteurs indigènes) qui ont apporté le caoutchouc, l'huile de palme ou les arachides. Un réseau de voies Decauville sillonne la vaste cour sablonneuse où deux ou trois palmiers dispensent une ombre avare parmi l'aveuglante réverbération du soleil.

Il faut la voir s'animer, cette cour, à de certains jours, par exemple, à Rufisque, à l'époque de la traite de l'arachide. Paisibles et graves au milieu du tumulte qui les entoure, chameaux, bœufs porteurs et bourriquots encombrent presque tout l'espace. Paresseusement étendus dans la poussière des graines, assis à la turque, accroupis ou trainant lentement leurs babouches, les conducteurs maures hiératiquement drapés dans leurs guenilles de guinée gros bleu fument, sordides et impassibles. Les sacs d'arachides s'entassent plus haut que les toits. Leur contenu, vidé au même endroit, ne tarde pas à former les *seccos*, véritables montagnes de cacahouètes qui montent parfois jusqu'à une douzaine de mètres et sur lesquelles un gardien installe sa case de toile cirée.

Dans tous les coins de la cour, on pèse, on débat le prix, on se chamaille. Parfois, l'indigène Ouolof ou Sérère peu ferré sur les secrets de l'arithmétique et du système métrique n'arrive pas à trouver son compte et s'entête dans une réclamation sur le poids. Insinuant, rusé, trompeur, le Maure cherche à faire naître des erreurs à son profit. Parfois aussi, pas plus scrupuleux que lui, l'employé de la factorerie cherche à « carotter à la bascule ». Sous le casque, son visage aux tons d'écarlate, son cou, le haut de sa poitrine haletante sont tout trempés de sueur. Depuis le matin, à l'aube, il pèse, pèse, sans répit, s'arrêtant de manier le fléau pour inscrire fiévreusement des chiffres sur son carnet. Il y a des jours où l'on arrive à peser le chiffre fabuleux de trente tonnes ! Des vendeurs s'en vont de groupe en groupe, avec un sourire satisfait élargissant leur face noire, trimbalant dans la grande poche centrale de leur boubou le prix de leurs graines régulièrement touché en pièces de cent sous. C'est le tableau le plus coloré et le plus pittoresque de l'activité commerciale la plus intense.

Il n'en faudrait pas conclure que les affaires coloniales sont toujours rémunératrices et faciles. Pour arriver à les rendre telles, le commerçant doit posséder une expérience déjà sérieuse, une grande ténacité, une connaissance approfondie des ressources économiques de la région et du caractère, des habitudes, même de la langue des indigènes. Ces dernières conditions sont indispensables et voilà pourquoi un commerçant d'Afrique occidentale doit soigneusement étudier le terrain avant d'y établir sa maison, sans quoi il y aurait pour lui imprudence insigne à se jeter dans l'inconnu. Ce qu'il lui faut faire en premier lieu, c'est un voyage d'études préliminaires. Avant de créer un établissement, d'engager une entreprise, qu'il vienne se rendre compte par lui-même, qu'il étudie le pays, ses habitudes commerciales, les besoins des indigènes, leurs cultures. Il apprendra ainsi à connaître les espèces et les qualités de marchandises qui leur conviendront, en même temps que les produits qu'il peut trouver chez eux.

Il évitera le sort lamentable d'un pauvre diable dont on m'a raconté l'histoire là-bas. Celui-ci, modeste clerc de notaire, s'était laissé éblouir par une conférence faite avec trop de confiance et de légèreté par un fonctionnaire de la Côte d'Ivoire. De bonne foi, le conférencier avait exagéré les facilités et les bénéfices du trafic dans le pays d'où il arrivait. Trois mois après, le clerc enthousiaste et inconsidéré débarquait à Grand Bassam, en chapeau haut de forme et redingote. Il apportait avec lui une pacotille composée au hasard qu'il comptait échanger contre du bétail. Bravement, il s'enfonça dans la brousse. Mais il n'en connaissait ni les surprises ni les dangers, ni les modes de commerce. Les quelques bœufs qu'il avait réussi à grand'peine à acquérir lui furent pris, se dispersèrent ou furent laissés par lui aux habitants des villages en échange d'une misérable nourriture. Miné par les privations et la fièvre, c'est tout juste s'il put revenir à la côte pour y mourir.

Quel est donc le meilleur moyen pour un jeune homme d'apprendre le commerce colonial? Même lorsqu'il a la chance rare de posséder des capitaux, c'est d'entrer comme employé au service d'une des grandes Compagnies dont nous avons parlé. Le personnel de ces Compagnies se recrute généralement parmi les jeunes gens ayant accompli leur service militaire et ayant déjà acquis, dans la pratique commerciale, quelques notions sommaires de comptabilité, de correspondance, de dactylographie, de manipulation et de vente. Beaucoup d'entre eux parlent couramment une langue étrangère, généralement l'anglais. Mais cela n'est pas indispensable et mieux vaut cent fois la connaissance des dialectes indigènes, connaissance à laquelle on arrive tout naturellement après une seule année de séjour.

Pour devenir employé d'une de ces puissantes sociétés, le candidat devra se mettre en rapports avec sa direction centrale installée à Paris, Bordeaux ou Marseille. Si sa candidature est acceptée, il passera un contrat de louage de travail. Mais qu'il examine bien attentivement ce contrat avant de le signer, qu'il pèse bien les engagements qu'il prend et les avantages qu'on lui offre. Généralement, l'employé, nourri et logé, reçoit une solde fixe assez modeste au début, mais susceptible d'une hausse rapide, plus un tant pour 100 sur les affaires qu'il traite. Le voyage d'aller et celui de retour, après un certain nombre d'années de séjour ou en cas de maladie, sont payés par l'employeur.

Le personnel européen des maisons de commerce est assez étroitement tenu. Une discipline vigilante y fait régner l'ordre et l'exactitude. Mais l'existence est large et familiale. Dans les factoreries de chef-lieu, tous les employés prennent leur repas en commun, à la même table que l'agent général. La place traditionnelle de celui-ci est au bout de la table.

Parfois, parmi les deux rangées de vestons de toile blanche immaculée, des corsages légers de batiste ou de mousseline se détachent agréablement sous des cous charmants et de délicieux visages souriants. Ce sont les jeunes femmes ou les filles des employés qui égaient de leur présence cette assemblée masculine. La chère est toujours soignée, le vin d'excellente qualité, l'atmosphère réconfortante et gaie. Celui qu'on pourrait appeler le voyageur de commerce colonial n'est pas d'humeur moins joyeuse que le légendaire Gaudissart. Son origine méridionale l'y dispose, d'ailleurs, car il est presque toujours natif des départements de la Gironde, des Basses-Pyrénées, du Gers ou de l'Ariège. Le Midi bouge pour apporter en Afrique son sens des affaires, sa blague et son entrain et donne ainsi un excellent exemple au Nord.

De quelle façon s'opèrent les transactions commerciales? Quel esprit y préside? Cela se trouve clairement exprimé par deux modes bien différents de procéder. Parmi les commerçants, les uns font rendre aux régions ouvertes à leur initiative le maximum de marchandises de bon écoulement (or, ivoire, caoutchouc) dans le minimum de temps et sans scrupule sur le choix des moyens. Ils drainent de la sorte toute la richesse utilisable à leur profit. Les autres, moins avides, se contentent d'établir un courant commercial intelligent et continu en créant des centres d'exploitation méthodique et de colonisation rationnelle.

Il est clair que c'est cette seconde méthode qui doit être employée comme la plus juste, la plus durable, la plus conforme à l'intérêt de la colonie et à son avenir commercial. Elle seule permettra à nos produits de lutter victorieusement contre les articles anglais et allemands de mauvaise qualité : guinée peinte, boîtes à musique, verroterie, etc., qu'on échange avec des bénéfices fabuleux contre l'or ou le caoutchouc.

Cette forme initiale du commerce, l'échange, existe encore en effet dans certaines régions arriérées de la Côte d'Ivoire ou du Soudan. Mais elle devient de plus en plus rare et fait place presque partout à l'achat en numéraire Le commerçant d'Afrique occidentale se trouve donc maintenant en face de deux opérations nettement distinctes après être restées longtemps confondues dans le troc : la vente et l'achat.

La vente porte sur tous les objets possibles dont peut avoir besoin journellement le Blanc aussi bien que le Noir. On trouve de tout chez les commerçants de l'Ouest africain, un pot de confitures comme une lampe, de la quinine aussi bien qu'une paire de bottes. Que nous soyons au Sénégal ou au Dahomey, la boutique de détail revêt un aspect uniforme. Elle est séparée en deux dans toute sa longueur par un comptoir surmonté d'une vitrine où se trouvent pêle-mêle les objets les plus variés, confiserie, bimbeloterie, parfumerie. Derrière ce comptoir, se tiennent les « boutiquiers », comme on dit là-bas, blancs quelquefois, mais le plus souvent noirs et conservant le costume du pays. Des articles de vente sont suspendus au plafond comme dans nos bazars. Sur les multiples étagères qui entourent la pièce s'entassent les boîtes de conserves, les bouteilles contenant les liquides les plus divers, les ustensiles de ménage, et surtout les pièces d'étoffe, les coupons de calicot de traite provenant principalement de Hambourg.

La boutique est encombrée d'indigènes des deux sexes attendant patiemment qu'on les serve, peu bruyants, ne sachant pas toujours très bien ce qu'ils viennent acheter, lents à se décider, se laissant tenter par tout ce qu'ils voient à la façon des enfants, mais achetant surtout des étoffes, des vêtements confectionnés : boubous souvent garnis de fort belles broderie de soie, calottes de velours ou de cotonnade, pagnes, bimbeloterie, kolas, parfumerie. Certains objets excitent particulièrement les convoitises et valent à leur acheteur, de la part des Noirs, la plus grande considération : ce sont les accordéons, les trompes de bicyclettes, les alpenstocks et les cravaches. Détail amusant, quand un indigène fait l'emplette d'un chapeau ou d'une casquette, il ne manque jamais de conserver comme un ornement l'étiquette du prix. Le côté des dames se porte de préférence vers le rayon de la bijouterie : perles, corail, boules d'ambre, et vers celui de la parfumerie. Il y a de leur part une demande considérable d'eau de Cologne, « Eau-ti-Cologne », comme elles disent.

Pour les étoffes, il faut bien reconnaître que la fabrication française n'obtient pas grand succès et que l'indigène prononce son choix le plus souvent en faveur des produits de fabrication anglaise ou allemande, de moins belle qualité mais moins chers. Souvent, au Soudan surtout, on trouve dans la boutique, se glissant entre les acheteurs à la façon d'un chien, un hôte familier qui ne cause aucun dégât et n'étonne personne : c'est un phacochère, sorte de sanglier qui s'apprivoise facilement, ou parfois même un lion à l'allure nonchalante et aux yeux clairs, compagnon inoffensif du maître de céans, qui n'est pas cependant sans inspirer quelque crainte aux clients noirs, toujours pleins d'une sorte de respect religieux et inquiet pour le roi de la brousse, *ouaraba*.

Mais les plus gros bénéfices du commerçant se font sur le commerce d'achat. Le plus souvent, le Noir apporte lui-même à la factorerie la récolte de riz, de caoutchouc ou de coton. D'autres fois, l'agent qui dirige le comptoir envoie dans la brousse un de ses employés blanc ou noir avec mission de découvrir des vendeurs et de traiter directement avec eux. La plupart de ces intermédiaires s'acquittent admirablement de leur office. Ils savent parler au *dougotigui* (chef de village), se mettre rapidement d'accord avec les producteurs, coucher sur la dure, dans de peu confortables caravansérails et se plier aux mille inconvénients de la vie de brousse.

Parfois, le chef d'entreprise fait lui-même ses tournées d'achat. Je me souviens d'avoir rencontré dans un village dahoméen un commerçant français doué de l'initiative la plus heureuse, M. Michaud. Ancien employé de l'administration des Postes, il avait remarqué que le sel était d'une extrême rareté dans le pays et s'était mis à l'y importer de façon régulière, en allant s'approvisionner en personne dans le Soudan méridional. Sur son chemin de retour, il se livrait au commerce d'achat, allant de village en village drainer la récolte de maïs et surtout d'amandes de palme.

Une case indigène lui servait de demeure et une seconde d'entrepôt. Les sacs s'y entassaient jusqu'au toit de chaume, en attendant que les porteurs vinssent les chercher pour les porter à la plus prochaine station du chemin de fer qui devait les emporter sur Kotonou. Vigoureusement campé, une apparence de santé dans toute sa personne, M. Mi-

LE MARCHÉ DE KANKAN (HAUTE-GUINÉE). CETTE VILLE OU DOIT ABOUTIR LE CHEMIN DE FER DE GUINÉE
EST LE PLUS GROS MARCHÉ D'APPROVISIONNEMENT DU CAOUTCHOUC. — CLICHÉ FORTIER.

chaud me reçut en plein air, devant sa case. A droite, sur une table pliante de brousse, un excellent dîner nous attendait.

« Ça, me dit mon hôte, c'est la salle à manger. »

A gauche, une autre table supportait une cafetière, des tasses, des bouteilles de liqueur, des petits verres.

« Ça, me dit-il encore, c'est le fumoir. »

Nous causâmes de la façon dont le commerçant français d'Afrique occidentale s'acquitte de sa tâche : « D'une manière générale, me dit M. Michaud, quand nos compatriotes ne se laissent pas envahir par la paresse ou le découragement, ils montrent de grandes qualités d'intelligence, de flair, de souplesse et d'habileté. L'indigène les préfère au commerçant anglais plus froid, plus sec, plus retiré de lui. L'Anglais vit aux colonies comme dans la mère patrie, impénétrable à la vie indigène et nullement intéressé par elle. Il y a pour nos trafiquants un énorme avantage à étudier la mentalité du Noir, à se pénétrer de ses habitudes et de ses traditions et à parler son langage. »

Mais trop souvent, hélas! le commerçant colonial se laisse tenter par le désir de tromper ou d'user de procédés indélicats. Il devrait se dire cependant qu'il y a, au fond, plus de bénéfice pour lui à agir honnêtement. Son véritable intérêt conduit à gagner la confiance du Noir naturellement soupçonneux. C'est ainsi qu'il devra s'abstenir de l'artifice connu sous le nom de « coxage ». Cet artifice consiste à envoyer des agents payés par la maison au-devant des caravanes. Sans qu'il soit d'abord question d'affaires, on comble de cadeaux les vendeurs, on leur offre à boire et à manger et finalement on les grise pour s'assurer l'achat du caoutchouc, de l'arachide ou de la gomme.

« C'est là, disait fort justement *La Dépêche coloniale*, une méthode des plus vicieuses; alors qu'on lui achète n'importe quoi et à tout prix, l'indigène ne prend pas soin de récolter et de préparer des boules de caoutchouc; il fraude en y introduisant des cailloux, de la terre glaise, des morceaux de bois; des acheteurs peu scrupuleux, traitants indigènes venus de la côte, pèsent ce caoutchouc sur des balances faussées, de sorte que ce trafic se résume en une mutuelle duperie. Des maisons européennes, faute de vouloir employer ces procédés, ne trouvent déjà plus de bénéfice à l'achat du caoutchouc, mais seulement dans la vente aux caravaniers de denrées d'importation. Il faut que ces abus soient réprimés sans retard, si l'on veut prévenir une crise imminente. »

Il importe en effet de réagir contre les tromperies trop souvent faites à la bascule par des employés au zèle peu scrupuleux qui vous déclarent sans broncher que c'est là le seul moyen de compenser les fraudes du vendeur Ouolof ou Bambara et éviter soigneusement aussi les odieuses spéculations sur les indigènes affamés à qui on revend au double et au triple les grains dont ils se sont démunis dans la cour du traitant au moment des récoltes. Il faut que le commerçant se dise que le commerce honnêtement conçu n'a pas d'intérêt distinct de celui de la colonie.

Mais à quel commerce s'adonner de préférence? Nous avons dit que le commerce de vente embrassait tous les articles d'une demande courante. De même, le commerce d'achat se limite rarement à un produit exclusif. On achète tout ce qui peut être consommé sur place ou constituer une denrée d'exportation.

Chaque région donne un produit dominant. Au Sénégal, c'est l'arachide qui, récoltée principalement dans le Cayor et le Baol, afflue à Rufisque à raison de trente trains par jour au moment de la traite et a valu à ce port, pour l'année 1910, un mouvement de plus de 150 000 tonnes.

La Guinée est par excellence le pays du caoutchouc. Atteint par la grande crise de 1906, il s'en est relevé rapidement et a vu revenir pour les qualités supérieures les prix de 10 et 11 francs le kilogramme. Il n'est pas en Guinée d'indigène Soussou ou Malinké qui ne fasse sa récolte de caoutchouc. Sur les routes, on croise sans cesse des caravanes de grands Noirs qui s'en vont, le bâton à la main, portant sur leur tête vers les marchés de Kankan, de Kouroussa, de Toumanéa, de Mamou, leur provision de boules ou de plaques brunes. En arrivant, ils se rendent chez le commerçant qui les loge dans sa maison durant les quelques jours qu'ils demeurent.

L'examen du caoutchouc a lieu, minutieux, sévère, car la fraude n'est pas rare et pendant longtemps, afin de l'éviter, l'administration s'était arrogé un droit de contrôle préventif. Le commerçant fait une incision dans la boule de caoutchouc, en examine de près la consistance, le grain, l'élasticité. L'opération se renouvelle souvent, car à l'époque de la récolte, il n'est pas de jour où quelque habitant du pays ne vienne proposer à la factorerie quelque modeste achat. Les enfants de l'école de Kouroussa eux-mêmes vont saigner les lianes pour avoir de quoi payer les hôtes chez qui ils prennent pension. Quand la ligne de chemin de fer qui part de Konakry sera parvenue à son terminus, c'est-à-dire à Kankan, grand centre de la vente du caoutchouc, le mouvement d'exportation sera considérablement accru et ce sera le point de départ d'une ère d'étonnante prospérité.

Au Dahomey, le principal produit d'exportation est l'huile de palme, l'huile épaisse et d'un rouge de brique qui emplit de gigantesques marmites

TEINTURIÈRES A KANKAN (HAUTE-GUINÉE). LA TEINTURERIE, COMME TANT D'AUTRES MÉTIERS RÉSERVÉS CHEZ NOUS AUX HOMMES, EST EXERCÉE PAR LES FEMMES EN AFRIQUE OCCIDENTALE. — CLICHÉ FORTIER.

dans les cours des factoreries et qu'on retrouve sur les quais de Porto-Novo et de Kotonou, attendant l'embarquement dans ces vastes barriques qu'on dénomme « ponchons ».

La Côte d'Ivoire se livre à une exportation intense de bois d'ébénisterie. C'est de là que viennent les merveilleux acajous figurés si recherchés pour les mobiliers de luxe. Durant la saison des pluies, on croise sur les rivières Comoé, Mé, Agnéby, plus d'un train de « billes » d'acajou descendant lentement de la forêt vers la lagune. Les troncs ont été solidement rassemblés et amarrés en radeaux qui atteignent souvent 200 mètres de long; des cases ont été élevées dessus pour les constructeurs indigènes; puis on s'est mis en route pour Grand Bassam, les longues perches fouillant l'eau verte. Une fois déposées sous les grands hangars, les billes sont équarries à la hache et à l'herminette, déposées par une grue puissante sur des wagonnets, précipitées à la mer à l'aide d'un ingénieux système de plan incliné, puis halées par un treuil sur le navire qui doit les conduire en Europe. Un nouveau commerce prend en ce moment son essor à la Côte d'Ivoire, celui du cacao dont la culture vient d'y être inspirée par le succès de la bruno graine en Gold Coast, la colonie anglaise limitrophe.

Les autres colonies d'Afrique occidentale française possèdent elles aussi leurs produits d'exportation. Le Haut-Sénégal-Niger donne du riz, du mil, du coton, du tabac, du caoutchouc, des arachides. MM. Simon frères, commerçants à Mopti, aidés dans leur œuvre par une sœur pleine d'initiative et d'activité, ont monté à grands frais une égreneuse de riz qui fournit de grains d'une blancheur irréprochable tous les indigènes de la région. A Tombouctou, d'incessantes caravanes apportent pendant l'époque de la traite les barres de sel plates et marquées de signes mystérieux qui proviennent des mines de Taoudenit. La charge d'un chameau est en moyenne de quatre barres, soit 100 kilogrammes de charge environ. On se fera une idée de l'importance de ce trafic, quand on saura que pour l'année 1908 l'importation du sel à Tombouctou s'est montée à 1 200 000 francs. Et que d'autres produits du sol moins généralement cultivés se chiffrent néanmoins sur les statistiques d'exportation par milliers de tonnes! De Mauritanie même, cette terre réputée stérile à jamais, les caravanes apportent à Saint-Louis la gomme où elle est d'un important trafic.

Il y a là pour un négociant avisé et laborieux les éléments de brillantes affaires. On cite au Sénégal et dans les autres colonies les noms de bien des chefs de maisons, voire même de représentants et d'agents principaux qui, partis de l'origine la plus modeste, sont arrivés aux situations les plus enviées. La plupart de ces hommes d'affaires énergiques ne bornent pas leur activité à une entreprise unique. Ils la répandent de façon multiple dans ces contrées neuves où il y a tant à créer, à perfectionner, à exploiter.

A côté de ce grand commerce, il y a le petit. On trouve en Afrique occidentale le simple détaillant aux capitaux infimes, à la boutique en planches que recouvre un toit de tôle ondulée. Il y a place pour lui et c'est souvent à ce gagne-petit que le Noir préférera avoir affaire. La raison de cette préférence, c'est qu'il sait se contenter de bénéfices très modestes. Afin de permettre la lutte avec les grandes maisons de commerce, ces bénéfices doivent même rester si modestes que très peu de Français montent de petits établissements de ce genre. Ils laissent cette faculté aux Marocains et aux Syriens, dont les boutiques occupent aujourd'hui des rues entières à Saint-Louis, à Dakar, à Konakry et dans les villes de négoce qu'a fait naître le long de la ligne le nouveau chemin de fer de la Guinée française.

Depuis quelques années déjà, l'émigration des Syriens dans notre Afrique occidentale est signalée comme un danger et conduit les commerçants français à de nombreuses plaintes auprès des gouverneurs. Chassés de leur pays par l'oppression des Turcs et des Druses, les premiers de ces Orientaux ont débarqué à Dakar en 1890 et depuis lors leur nombre n'a cessé de s'accroître. Ils arrivent pauvres, mais savent se contenter de peu et vivent à l'indigène, mangeant le couscous de mil et logeant dans des paillotes ou des cases de banco. Leur connaissance de la langue leur vaut un certain prestige auprès du Noir qui préfère souvent conclure ses marchés avec ces trafiquants patients et obséquieux plutôt qu'avec nos maisons de commerce.

En Guinée, dès que surgit une agglomération nouvelle, on les voit accourir. Un petit bénéfice leur suffit. Bien que se fournissant dans les boutiques des grandes Compagnies, ils arrivent à vendre meilleur marché qu'elles. Veut-on user de boycottage à leur endroit, ils s'approvisionnent directement en Europe. Dans les villes nouvelles de Haute-Guinée, ils n'ont pas été sans influence sur la hausse de prix du caoutchouc, car, en raison de leur minime fond de roulement, ils revendent aussitôt au plus offrant celui qu'ils viennent d'acheter et ils font ainsi monter les cours. Les commerçants français réclament des mesures spéciales contre ces intrus. En principe, l'administration ne peut intervenir, tant qu'ils paient régulièrement leur patente et que leurs pratiques à l'égard des indigènes restent licites et à la satisfaction de ceux-ci. Mais le Gouvernement général a dû prendre des mesures rigoureuses à

LA VILLE DE L'ARACHIDE : RUFISQUE.

PORTEURS DE BARRES DE SEL A TOMBOUCTOU. CES BARRES PLATES
ET MARQUÉES DE SIGNES MYSTÉRIEUX PROVIENNENT DES MINES
DE TAOUDENIT. — CLICHÉS FORTIER.

l'entrée dans la colonie, pour restreindre les progrès d'une immigration par trop menaçante.

Malgré le chiffre minime de leurs affaires et en raison de l'existence chétive qu'ils se résignent à mener, Syriens et Marocains arrivent parfois à se constituer un embryon de capital qui leur permet des opérations un peu plus vastes. On cite un Marocain de Saint-Louis qui fait 250 000 francs d'affaires par an. Pourquoi les Français laissent-ils à ces mercantis étrangers le quasi-monopole des menues combinaisons commerciales? Parce que, trop souvent, ils ne s'astreignent à l'existence coloniale que dans l'espoir de gros bénéfices et d'une rapide aisance. Pour eux les résultats du petit commerce vont d'une marche trop lente. Ses fruits sont trop longs à cueillir. Ils oublient que certains commerçants notables d'Afrique occidentale ont commencé par cette pénible étape, notamment M. Millon qui fut maire de Dakar.

Il arrive aussi, particulièrement dans certaines régions déterminées, que le Noir se fait commerçant. Les Markas sont connus comme marchands d'or et petits banquiers. Les Djennenké se livrent à peu près tous au trafic. Lorsque leurs enfants viennent d'être circoncis, ils leur passent autour de la taille une ceinture de ces petits coquillages blancs qu'on nomme cauris et qui servent de menue monnaie dans la boucle du Niger. Ces cauris constitueront le premier fond commercial de l'adolescent. Ces mêmes Djennenké accordent à leurs captives une certaine liberté moyennant le paiement d'un tribut journa'ier de 80 cauris. La femme ainsi à demi affranchie prend alors le nom de *gabibi*. Elle se voue au négoce, prend l'allure masculine, porte un vêtement semblable à celui des hommes, s'approvisionne en produits du pays et va les échanger contre du sel à Tombouctou. Les habitants de cette ville sont tous commerçants et commissionnaires en marchandises, de père en fils. Le Dioula, originaire du Mossi, s'est tellement spécialisé de façon traditionnelle dans le trafic de détail et le colportage que l'on désigne aujourd'hui tous les marchands ambulants sous le nom générique de *dioulas*. Certains commerçants noirs du Soudan arrivent à gagner beaucoup d'argent. J'ai fait à Sofara la connaissance d'un certain Dianguina Koué qui avait accumulé peu à peu plus de 200 000 francs, ce qui lui avait permis de réaliser ce rêve de tout croyant : le pèlerinage de la Mecque. Signe particulier : il ne tenait pas la moindre comptabilité écrite.

Pour notre commerce, il y a dans tous ces indigènes des concurrents peu dangereux, mais surtout des auxiliaires avec lesquels il serait utile de s'entendre et dont l'exemple peut à l'occasion fournir d'utiles enseignements. Nos habitudes commerciales ne sont pas, en effet, toujours exemptes de défauts. C'est ainsi que nous avons trop souvent l'habitude de vouloir imposer notre goût et que beaucoup d'industriels français s'obstinent à ne pas se laisser guider par la demande et les préférences des indigènes pour la qualité comme pour les dimensions, les teintes, la façon des articles qu'ils achètent, notamment pour les étoffes de traite. Que n'imitent-ils les Anglais qui envoient, chaque année, à la Chambre de commerce de Saint-Louis des échantillons de cotonnades qui sont soumis aux Noirs et d'après lesquels on fabrique à coup sûr les modèles de la saison suivante?

Nous commettons aussi l'erreur grave de laisser nos colonies manquer de ces capitaux que nous plaçons si facilement à l'étranger. Nous négligeons nos marchés, préférant adresser nos exportations sur Liverpool, Anvers ou Hambourg. De plus, nous avons laissé dépérir notre marine marchande. Enfin, nous avons trop longtemps négligé l'importante question de la diffusion d'un numéraire particulièrement divisible parmi nos clients de détail, les indigènes. Cette diffusion est indispensable à une action commerciale vraiment efficace et civilisatrice. L'indigène se rend un compte vague et incomplet de la pièce d'or et d'argent dont il laisse ses femmes se faire des bijoux et des parures. Il faudrait créer pour lui une monnaie dans le genre du cauri dont la valeur est égale au millième de notre franc. C'est là le moyen de ne pas augmenter le prix des subsistances et de la main-d'œuvre.

Il faut maintenant donner quelques chiffres sur le mouvement du commerce général de l'Afrique occidentale française. Il s'est élevé en 1910 (importation et exportation réunies) à une somme totale de 277 734 639 francs. C'est une augmentation de 49 319 427 francs sur l'année précédente. Dans cette augmentation, le Sénégal figure pour 19 210 290 francs, le Haut-Sénégal-Niger pour 10 531 647 francs; la Guinée française pour 5 520 013 francs; le Dahomey pour 5 158 397 francs; enfin la Côte d'Ivoire pour 8 919 060 francs. Toutes proportions gardées, c'est dans cette dernière colonie que le progrès est le plus considérable. Il faut y voir une juste conséquence de l'œuvre de pacification et de pénétration méthodiquement accomplie depuis ces dernières années. Dans le chiffre que nous avons donné comme représentant le montant total des échanges, les importations figurent pour 153 095 francs, accusant un progrès très marqué des importations de tissus, du riz et de la houille. Quant aux exportations, elles ont atteint, au cours de la même année 1910, la somme de 124 639 171 francs. Trois produits constituent la presque totalité de ce chiffre ; soit, en chiffres ronds, les arachides pour 51 millions, le

AUX MINES D'OR DE SIGUIRI (HAUTE-GUINÉE), LE TROMMEL
OU APPAREIL DE TRIAGE. — CLICHÉ MARIÉ.

AUX MINES D'OR D'AHINTA (CÔTE D'IVOIRE), LA LAVERIE.
CLICHÉ FORTIER.

caoutchouc pour 37 millions, les amandes et l'huile de palmes pour 22 millions.

A côté de cet essor commercial et lié à lui, un mouvement industriel se dessine en Afrique occidentale. Parmi les entreprises privées auxquelles il a donné naissance, les exploitations minières tiennent le premier rang. A la Côte d'Ivoire et en Guinée, on exploite des mines d'or et on pratique des dragages aurifères dans le cours du Tinkisso et de la Falémé. Des gisements de pétrole ont été découverts récemment à Eboïnda (Côte d'Ivoire). La *Société des mines de Guinée* a réuni près de Siguiri un matériel d'extraction considérable et un nombreux personnel d'ingénieurs, de constructeurs, de chimistes, de mécaniciens, de contremaîtres.

Une agglomération importante s'est formée en cet endroit attirant les indigènes des environs, créant un centre d'activité et de travail. L'aspect journalier des alluvions aurifères est rempli de pittoresque. Toute une foule de Malinkés, des femmes surtout, creusent à l'aide des instruments les plus primitifs des trous circulaires de quelques mètres de profondeur et en extraient soigneusement la terre qu'ils lavent ensuite dans des calebasses au fond desquelles se déposent d'imperceptibles parcelles d'or. Le long de la petite rivière de Kobako, la Société exploite des terrains où manœuvrent ses excavateurs, lourdes et coûteuses machines arrachant tout le long de la berge d'énormes morceaux de minerai qu'un système de godets déverse ensuite dans un train de wagonnets. Une foule de Noirs barbotant dans l'eau aident à l'opération. Leur vue communique une impression aussi étrange que neuve, car, couverts des pieds à la tête d'un limon blanchâtre, ils incarnent cette image paradoxale : le nègre blanc.

Dans les villes de la côte et de l'intérieur fonctionnent des usines : usines de gaz et d'électricité, usines de glace, briqueteries, manufactures de tabac, manufactures de papier obtenu avec l'écorce du baobab, etc. Pour finir, rendons visite à l'usine pour la préparation du coton que dirige sur les bords du Niger, à Segou, le représentant de l'*Association cotonnière française*, M. Louis Level. Brillant sportsman en même temps qu'homme d'initiative et d'énergie, il est venu à ma rencontre sur un de ces petits chevaux du Macina qui sont tout nerfs. Nous allons ensemble visiter le modeste bâtiment très bien outillé qu'il a lui-même aménagé sur le bord du Niger. Il me fait parcourir ses ateliers, son magasin de dépôt, sa forge, me montre des égreneuses américaines actionnées par un moteur à pétrole, une presse hydraulique, des échantillons de coton brut et de coton égrené, me parle des différentes espèces qui sont cultivées dans les régions environnantes, notamment dans la région du Mianka, et qu'il va lui-même acheter aux indigènes.

« On a répété longtemps, me dit-il, que notre coton d'Afrique ne pouvait être utilisé par les métiers des filatures du Nord. Il fallait voir avec quels airs de mépris on en faisait fi. Puis on a vu qu'il ne fallait qu'un bien petit changement pour l'"y adapter exactement. Nous sommes toujours les derniers en France à connaître le prix de nos richesses. »

M. Level avait raison. Combien de Français savent en France quelles richesses commerciales et industrielles tient en réserve pour l'avenir notre Afrique occidentale ?

CHAPITRE VII

L'AGRICULTURE — L'ÉLEVAGE
LA CHASSE ET LA PÊCHE

Qualités agricoles du Noir. — Richesse de l'Afrique occidentale française. — Arachide. — Coton : une visite au fama Mademba. — Mil, riz, manioc, igname, maïs, etc. — Caoutchouc. — Palmier. — Bois d'ébénisterie. — Gomme, kola, karité, etc. — L'élevage. — Les Peuhls et leurs troupeaux. — Une visite au haras de Koulikoro. — La main-d'œuvre. — Deux méthodes : concession et culture libre par l'indigène. — La ferme d'Yri-Kiri. — Charlotville. — Chasse et pêche. — Les pêches miraculeuses de Mauritanie.

Le Noir d'Afrique occidentale est né agriculteur. Dans cette voie, nous pouvons l'éduquer, le faire progresser, mais nous n'avons nullement à lui donner le goût de la terre. Ce goût, il l'a hérité de ses ancêtres. Le Blanc qui voyage au milieu de ces populations primitives s'étonne du degré avancé où elles ont poussé la culture, du soin presque incessant qu'elles mettent à son service, de la bonne tenue des *lougans* (terres cultivées). A chaque instant, il rencontre sur son passage des torses d'ébène ruisselants penchés sur la terre rouge que fouille et retourne jusqu'à 30 ou 40 centimètres de profondeur l'hilaire ou la *daba*, ces instruments uniques du travailleur des champs africains.

Pour défricher un coin de terre, le procédé est toujours le même. Lorsque l'indigène a jeté son choix sur un coin de brousse suffisamment rapproché de son village, il y met le feu pour le débroussailler. C'est là une méthode dangereuse qui occasionne souvent de véritables dégâts, mais qu'il paraît difficile d'empêcher, car ces feux de brousse ont le grand avantage de détruire une grande quantité d'insectes et d'empêcher l'invasion des termites. Le sol est ensuite nivelé et demeure un an sans culture. Puis, au moment de l'hivernage, il se couvre de hautes herbes. Des repousses apparaissent aux racines d'arbres restées vivantes. L'année suivante, les herbes sont incendiées à leur tour, la terre est retournée plusieurs fois et mise en petites buttes espacées de quelques centimètres. A la saison des pluies, elle recevra la semence.

Bien rares sont les endroits de notre grand empire noir où l'homme ne remue pas le sol pour en tirer sa nourriture, où il ne récolte pas de fruits, où il n'élève pas de bétail. Nous voici, par exemple, au milieu des Toucouleurs ou des Sarrakholés des bords du Sénégal moyen, vers novembre ou décembre. Les berges sont couvertes de belles plantations de mil, de maïs, de tabac, parfois de niébés, de tomates amères, d'oignons. On fait ici deux ré-

coltes par an : l'une à la fin de l'hivernage proprement dit dans les terrains qui avoisinent le village,
l'autre après le petit hivernage dans les terrains
inondés par la crue.

Passons maintenant chez les Bambaras, race
éminemment agricole chez qui autrefois la caste
des cultivateurs marchait de pair avec celle des
guerriers. Ils sont pleins de sollicitude pour leurs
champs qu'ils sarclent fréquemment. Ordinairement situés à proximité des villages, leurs lougans
ne sont jamais enclos. On ne peut ni les vendre,
ni les louer, mais seulement les prêter à un voisin,
si l'on ne dispose pas d'assez de monde pour y
travailler. Le Bambara pratique des assolements
excellents où il fait pousser tour à tour le mil,
l'arachide et le manioc. Malheureusement, il
professe une aversion singulière à l'égard des
arbres fruitiers et prétend que celui qui a planté
un arbre mourra l'année où l'arbre rapportera des
fruits.

Descendons maintenant sur le Dahomey. Les
indigènes, Djeds, Nagos et Mahis sont avant tout
des agriculteurs. Le palmier est par excellence
dans le pays l'arbre qu'on cultive et qui rapporte,
mais on voit germer autour de son tronc svelte le
maïs, le manioc, les haricots du pays, l'igname,
la patate, l'indigo, le coton. Partout, dans le haut
pays aussi bien que dans la région côtière, les

gletas (champs) sont parfaitement entretenus et le système des jachères pratiqué.

Mais le grenier par excellence de l'Afrique occidentale française aussi bien que sa plus belle terre d'élevage, c'est la boucle du Niger. Dans *Fécondité*, Émile Zola l'a indiquée comme le futur centre d'approvisionnement du monde. Que d'étendues merveilleusement fertiles, de bonne terre qui n'attend que les semences pour donner des germes splendides! Le grand fleuve nourricier assure les plus riches récoltes et les pâturages immenses où viendront paître les plus magnifiques troupeaux. Comme l'Égypte était un présent du Nil, le Soudan est un présent du Niger. Dès que les eaux de la crue viennent de quitter la plaine, celle-ci est envahie par une herbe qui pousse tellement drue que, lorsqu'on la foule aux pieds, il est impossible de toucher le sol. Lorsqu'arrive la saison chaude, les herbes se dessèchent, forment un engrais naturel et les Noirs se taillent là des champs. Dans le lit même du fleuve, les troupeaux paissent la plante à sucre qu'on appelle *bourgou*. Encombré d'herbes, le Niger semble continuer la prairie. Ces herbes seront coupées et elles serviront d'aliments aux bêtes quand les pâturages seront desséchés.

On pourrait dire, en lui appliquant le mot de Sully, que « labourage et pastourage sont les deux mamelles » de la France tropicale. Ce n'est pas d'aujourd'hui qu'on peut constater sa richesse. Déjà, en 1786, le chevalier de Boufflers disait, parlant du riz du Sénégal : « Ce riz revient à un sol et demi la livre. Je compte en porter 5 ou 6 millions en France pour le faire connaître et annoncer une grande ressource en cas de disette. J'emporterai aussi du mil de toutes les manières, en grain pilé et même préparé de façon à être mangé tout de suite en le détrempant au bout de six mois de garde. » Certes, nous ne sommes plus menacés de disette en France, mais la diffusion des produits du sol africain à travers les marchés du monde n'en aura pas moins une énorme utilité. Ces produits, nous allons rapidement les passer en revue.

C'est d'abord l'arachide, ce trésor du Sénégal que nous avons montré remplissant les wagons et les gares au moment de la traite, puis formant à Rufisque ces tas hauts comme des buttes que l'on dénomme *seccos*. On sait quel parti on en tire pour la fabrication de l'huile et du beurre et pour la savonnerie. Non seulement elle s'exporte à raison de 150 000 tonnes environ, mais elle a changé la face du pays au point de contribuer énergiquement à la disparition de l'esclavage. Comprenant l'avenir de la brune graine, le représentant d'une maison de commerce, M. Rousseau, disait vers 1840 au chef de Dakar : « Garde tes captifs qui sont nos semblables, mais pour des arachides je t'offre tout ce que tu veux d'Europe. » Le chef avisé comprit qu'au lieu de vendre ses captifs, il valait mieux leur faire cultiver des arachides dans ses lougans. Le lendemain, les marabouts enterraient en grande cérémonie des gris-gris et promettaient de protéger de tout leur pouvoir la culture de la plante si recherchée par les *toubabs* (Blancs). Désormais, dans les transactions avec les employés des factoreries, ce ne fut plus le captif qui constitua la monnaie d'achat, mais bien l'arachide. Depuis lors, elle a occupé triomphalement la plus grande partie de la terre du Sénégal, gagné le Soudan, la Guinée, le Dahomey. L'achèvement de la ligne Thiès-Kayes va lui ouvrir de nouvelles régions qu'elle enrichira et civilisera promptement. On la voit germer des deux côtés du rail, à mesure que celui-ci s'enfonce à travers la brousse inculte et sauvage. Elle est également en progrès très marqué en Casamance et dans les cercles de Kayes, Bafoulabé, Kita, Djenné. Sa culture est facile et de réussite certaine, deux excellentes raisons pour que l'indigène s'y emploie de lui-même.

Le coton représente en Afrique occidentale une question de la plus haute importance. Il ne s'agit pas seulement ici d'un intérêt colonial, mais d'une préoccupation mondiale commune à toutes les nations industrielles. En France, nous avons considéré comme une menace la tendance très marquée des États-Unis à monopoliser la production et l'industrialisation du coton. Afin de défendre les intérêts de nos filatures et des 250 000 ouvriers qu'elles occupent, une *Association cotonnière coloniale* s'est fondée parmi les industriels français intéressés. Son objectif principal consistait à produire, au moins en partie, dans les colonies françaises et notamment en Afrique occidentale, la matière première que notre industrie nationale est obligée d'acheter à l'étranger et surtout en Amérique.

Dès lors, une série d'essais fut décidée dans la vallée du Niger et au Dahomey. Des graines furent distribuées aux indigènes par les soins de l'Administration; on effectua de différents côtés des travaux d'irrigation; des agents furent chargés de diriger et de surveiller les cultures indigènes, puis l'*Association cotonnière* envoya ses représentants acheter les récoltes des Noirs. Parmi ceux-ci il en est un qui a pris la question tout particulièrement à cœur et qui lui donne tous ses soins. C'est le fama de Sansanding, Mademba, ce roi au service de la France, cet ancien compagnon d'armes de nos colonnes au temps de la conquête, dont j'ai déjà eu l'occasion de parler. Disposant de larges étendues de terrain, fort de son autorité et de son influence, Mademba est en plus ouvert à tous les progrès. On assure malignement que, malgré son teint du plus beau noir, il lui arrive de dire : « Nous autres, Européens... » Si nous voulons obtenir des renseignements sur le coton d'Afrique française, allons rendre visite au fama.

Une bordure de cases de banco vient d'apparaître le long du Niger calme et tout miroitant de soleil où mon chaland glisse sans bruit, poussé par les longues perches des laptots au torse d'ébène tout ruisselant de sueur. Des filets de pêcheurs Bosos et Somonos sèchent en bas du rivage, tendus sur des pieux. Une place se dessine, ombragée de fromagers et de caïlcédrats, où se tient un petit marché paisible. « Sansanding! » me dit le chef laptot. Arrêtons-nous et descendons à terre. Sur la place s'ouvre un monument aux dimensions imposantes, bien qu'il soit construit de la même matière brune et épaisse que les cases environnantes. Des rangées de pyramides régulières couronnent le sommet de ses murs et lui font une décoration barbare qui n'est pas sans effet architectural. Des chèvres broutent sous le portail, des poules picorent dans la grande cour d'entrée. C'est le palais du fama.

Dans des magasins, sous des hangars et même au milieu de la nappe de brûlant soleil, jonchant la cour, s'entassent des sacs d'où s'échappent de légers flocons d'une bourre blanchâtre : les graines de coton. Un moment après, je partage avec le fama et son fils un excellent repas préparé à l'européenne. Ils parlent tous deux le français le plus pur. Grand, large d'épaules, l'œil intelligent, la lèvre souriante, Mademba porte gaillardement ses soixante-quinze ans. Deux de ses femmes nous servent dans une salle aux murs nus que garnissent de rares meubles venus de France. Cinq ou six autres épouses sont assises sur leurs talons dans le fond de la pièce et se taisent respectueusement. Le maître en appelle une, d'aspect encore assez jeune, la figure douce, les yeux brillants.

« Celle-ci, me dit-il, a combattu vaillamment pour la France, au temps des grandes guerres. Elle s'appelle Diali Yakare Toukara et elle est griotte, c'est-à-dire improvisatrice et chanteuse populaire. Lors du terrible siège que nous avons subi ici, il est arrivé, un jour, que mes soldats pliaient devant les Toucouleurs. Alors, elle a sauté à cheval, elle a empoigné le drapeau que m'avait donné le général Borgnis-Desbordes et elle a entonné une chanson guerrière où elle montrait l'aigle Bambara baissant la tête devant le vautour Toucouleur. Mes hommes ont eu honte, le courage leur est revenu et nous avons remporté la victoire. »

Je serre avec effusion la main que me tend l'amazone noire. Une flamme de fierté vient de passer à travers son regard humide et doux de gazelle. Elle ne comprend pas le français, mais elle a deviné que le fama me raconte l'exploit de sa jeunesse et elle revit avec une orgueilleuse émotion son heure glorieuse. Maintenant le temps des batailles est loin. L'ancien chef des auxiliaires Bambaras s'est fait agriculteur et il me parle de ses entreprises, de ses espoirs.

« Je me suis attaché de mon mieux, me dit-il, à développer et à améliorer la culture dans mes États. Autrefois, j'y ai introduit et répandu le tabac de Virginie. Aujourd'hui, je suis tout au coton, coton indigène ou coton américain. J'ai aussi obtenu de beaux résultats avec les caoutchoutiers ceara. Pour moi, l'avenir de ceux de ma race est dans l'exploitation plus intelligente, plus méthodique de notre sol. J'ai eu un grand bonheur, le jour où j'ai vu mon fils aîné reçu à l'Institut agronomique de Paris. Il y travaille très bien, on est enchanté de lui. Laissez-moi vous montrer ses notes, ça me fera tant de plaisir!

D'une impressionnante cassette de fer, le vieux roi-planteur tire un papier, puis il chausse de grosses bésicles rondes et sa lecture m'apprend en effet que son fils est un élève modèle très bien classé parmi ses camarades. Après quoi, je demande quelques renseignements sur le coton.

« Au début, me dit le fama, il avait été décidé que le coton dont on allait demander la production à l'indigène serait de type exclusivement américain, car on considérait notre coton africain comme inutilisable pour les manufactures françaises. Depuis, on en est revenu. Certainement, le coton américain est plus beau, mais il ne réussit pas dans tous les terrains, il rapporte moins à l'hectare, il est plus difficile à cultiver et plaît beaucoup moins à l'indigène. Des expériences de 1906, où l'on a égrené séparément du coton de chaque région, on a pu conclure que le coton indigène, pris séparément dans des zones bien distinctes, est parfaitement utilisable pour les manufactures de France, parce qu'il est à peu près homogène et régulier. Quant au coton américain, il n'a pas donné, cette année, de résultats supérieurs à ceux des années précédentes. Les causes d'insuccès ont été la mauvaise qualité des semences et surtout l'invasion d'une larve parasite, le sphénoptère, quelque chose comme le phylloxéra du coton. Une proportion énorme de plants sont tués par cette larve. L'agent de culture de San a constaté que dans un champ ensemencé avec des graines américaines tous les cotonniers ont été tués par elle avant de fleurir. Certes, on arrivera à enrayer la multiplication du sphénoptère, mais néanmoins le coton américain est de moins en moins en faveur par ici. En revanche, je viens de faire de très intéressants essais de coton égyptien qui sera traité sur les bords du Niger de la même façon que sur ceux du Nil. Espérons qu'il donnera les mêmes résultats.

— Cependant, vous croyez à la victoire finale du coton indigène?

— Les chiffres sont là. Au cours de la campagne 1908-1909, l'*Association cotonnière*, dans la personne de son si zélé et si actif représentant, M. Level, a acheté dans le seul cercle de Koutiala 55 tonnes de coton indigène vendu au prix de 15 centimes le kilogramme, et cela sans exercer la moindre pression sur l'indigène. Et remarquez que ces 55 tonnes ne représentent qu'une très faible partie de la production de ce cercle où les tisserands sont nombreux et fabriquent des bandes de cotonnade que les dioulas vont vendre dans les régions voisines et jusqu'à la Côte d'Ivoire. Nous n'en resterons pas là d'ailleurs, et je compte, l'année prochaine, sur une grande augmentation.

— La région du Niger est la meilleure pour la production cotonnière?

— Assurément, et en particulier le pays du Minianka. Mais on récolte aussi d'excellents produits sur les bords du Sénégal, vers Kayes, Bakel, Richard-Toll. L'année dernière, un Marocain, Moktar-ben-Messaoud, a récolté aux environs de Kayes plus de 50 tonnes tant en américain qu'en indigène. On trouve aussi de très bonnes graines au Dahomey. J'en ai fait venir qui me donnent ici d'excellents résultats. »

Le fama m'a dit encore bien d'autres choses intéressantes sur sa culture favorite. Il a la foi. *L'Association cotonnière* ne l'a pas moins. Tout en poursuivant à Richard-Toll et à Podor ses intéressants essais de culture industrielle par irrigation, elle procède à des expériences en grand sur des superficies de plus en plus étendues et s'avance, au fur et à mesure des résultats acquis, de la basse vallée du Sénégal jusqu'au Niger. De son côté, le Gouvernement général a envoyé des missions d'études dans les terres du Bas-Sénégal et dans la vallée du Niger, entre Ségou et le lac Débo pour y étudier les possibilités d'irrigation et d'établissement d'exploitations cotonnières europénnes, celle-ci étant conçues de manière à ne pas gêner les populations indigènes.

Le coton n'est pas en Afrique occidentale la seule plante textile. On y trouve aussi des plantes fibreuses comme le sisal et le dâ. M. Hutz, aidé par un ancien agent de culture, M. Renoux, exploite à Dar-Salam, près de Kayes, une magnifique plantation de sisals qui compte environ 200 000 plants dont la venue est des plus satisfaisantes. De l'examen minutieux de ce type de sisal par des industriels du Havre, il ressort qu'il est de qualité très supérieure, de bonne longueur, de fibre extra, qu'on pourra fabriquer avec lui d'excellents cordages et qu'il luttera très avantageusement avec les espèces des colonies allemandes jusqu'ici réputées meilleures.

Passons maintenant aux plantes alimentaires. Le mil est assurément la culture la plus répandue dans le pays tout entier, car il est la base de l'alimentation du Noir. C'est lui qui remplit les grands mortiers creusés dans l'écorce des arbres où, presque tout le jour, la femme ou la jeune fille au buste de bronze mis à nu pile rythmiquement le couscous familial, coupant de battements de mains ces coups de pilon dont le bruit sourd forme le son dominant et incessant dans tous les villages. Le mil, dont l'espèce la plus répandue est le gros grain appelé *sorgho*, donne lieu à un commerce de transactions importantes le long du Sénégal et du Niger. C'est avec lui que les populations fétichistes fabriquent cette bière fermentée appelée *dolo* que l'on consomme à pleines calebasses les jours de fête et qui déchaîne alors d'énormes ivresses générales. On peut également utiliser sa tige pour la fabrication de la pâte à papier et un groupe d'industriels du Sénégal vient d'entreprendre cette transformation.

Comme le mil, le riz occasionne un très important trafic. On le cultive surtout dans la Basse-Guinée, en Casamance et dans les pays d'inondation du Moyen-Niger, de Ségou au lac Débo. Il vient également bien à la Côte d'Ivoire où la seule région du

Baoulé a pu en fournir dans une seule année plus de 300 tonnes aux troupes et aux travailleurs du chemin de fer. Sa production augmente partout et on doit enregistrer avec satisfaction une première exportation en France de 20 tonnes de cette céréale provenant du Haut-Sénégal-Niger. Le cercle de Djenné est particulièrement propice à cette culture. Bien conduite, elle pourrait arriver à nourrir tout le Soudan, particulièrement avec une espèce très riche dite *gucrombagou*, ce qui signifie « à pied d'hippopotame ».

Rien de pittoresque et d'amusant comme la récolte du riz en décembre dans cette région. Dégingandés et frénétiques, gesticulant comme des possédés dans l'envolement blanc de leurs boubous, les grands Bambaras tapent furieusement sur des casseroles pour éloigner les mange-mil voraces. Malheureusement, ce riz est d'apparence sale, rougeâtre, parce qu'il est décortiqué de façon rudimentaire dans des mortiers à couscous. S'il était traité convenablement, il serait aussi beau que le riz d'Indo-Chine. Il est meilleur et se charançonne moins facilement. Un commerçant de Mopti, M. Simon, a fait venir à grands frais de France une décortiqueuse mécanique. Ce riz brut et peu engageant qu'on appelle *paddy* en sort immaculé. C'est là une heureuse initiative et un bon exemple pour les autres négociants du pays.

(199)

Le manioc est surtout cultivé dans les régions forestières de la Côte d'Ivoire et du Dahomey où il constitue la nourriture principale des populations. Ce produit peut alimenter un commerce d'exportation au double point de vue de la fabrication du tapioca et de l'amidon. L'igname pousse dans les mêmes contrées et entre également pour une grande part dans l'alimentation de l'indigène, particulièrement au nord du Dahomey. Plante rustique qui s'accommode très bien des terrains avoisinant les cases, la patate vient partout. Il en est de même du maïs qui est spécialement cultivé au Dahomey, dans la région de l'huile de palme. Son exportation a augmenté dans des proportions considérables depuis la construction du chemin de fer et surtout depuis qu'on lui a appliqué la détaxe coloniale. De 200 tonnes en 1904, cette exportation s'est élevée en 1907 à 11 500 tonnes. La culture du maïs prend également beaucoup d'extension au Sénégal et à la Côte d'Ivoire.

Des essais de cacao ont été tentés avec succès au Dahomey et surtout à la Côte d'Ivoire. Dans cette dernière région, la réussite paraît certaine, car des tentatives faites dans la colonie voisine de Gold Coast anglaise ont été couronnées de succès. La plantation extensive ou familiale s'y pratique de la même façon et semble devoir entrer dans les mœurs des indigènes. J'ai vu aux environs de Bingerville une plantation de cacaoyers fort bien cultivée par un Noir du nom de Boni. Il en avait fait en même temps une bananeraie. Sous la retombée des larges feuilles molles et déchiquetées, les plants s'alignaient symétriquement, soigneusement défendus contre les tornades par des enveloppes d'osier. Il y a là un excellent exemple, car il faut garder l'indigène des dangers de la monoculture. Le cacao en Côte d'Ivoire porte les vœux de tous et donne déjà des résultats appréciables, puisqu'on en a exporté sept tonnes en 1910. On a vu des Noirs s'introduire la nuit dans la plantation de Boni pour y voler des graines. La légende raconte qu'il en fut de même dans les enclos où Parmentier faisait pousser ses premières pommes de terre. Espérons que ce rapprochement portera bonheur au cacao.

Le café donne de bons résultats au Dahomey et à la Côte d'Ivoire. Dans cette dernière colonie, la plantation d'Elima qui appartient à la Compagnie de Kong et qui est entretenue et dirigée d'une façon parfaite, produit par an environ 50 tonnes de café de l'espèce dite Liberia qui est exporté. Cet exemple pourra être suivi avec fruit, car le café existe à l'état sauvage dans toute l'immense forêt de la Côte d'Ivoire ainsi qu'en Guinée. Quant au tabac, il est de qualité inférieure et sa production est peu considérable. Mais on arriverait à coup sûr à un progrès, si, comme pour le coton, on introduisait dans le pays des variétés étrangères, notamment celles des Antilles, plus susceptibles de s'acclimater aisément.

Laissant de côté des produits secondaires comme le sésame qui couvre cependant de vastes superficies et accuse rien qu'en Guinée une plus-value de 72 tonnes à l'exportation, mentionnant seulement l'indigo, la vanille, les plantes médicinales, les plantes à parfum, passons aux produits forestiers. Le caoutchouc vient en premier. C'est le grand produit riche de l'Afrique occidentale qui en exporte plus de 4500 tonnes, soit une valeur de près de 40 millions. C'est surtout en Guinée, mais aussi au Soudan, en Casamance et à la Côte d'Ivoire que se récolte la précieuse liane. Tout en assurant au Noir un moyen d'acquitter son impôt au prix d'un faible travail, elle alimente un trafic considérable qui se prolonge à de grandes distances. A la suite des tentatives d'accaparement et de trust qui se sont produites, ces dernières années, en Amérique, une crise s'était déclarée, mais les effets en sont effacés aujourd'hui, et les belles boules de caoutchouc *para*, que les indigènes de Haute-Guinée transportent à travers les sentiers montagnards, ont repris les cours de 10 et 11 francs le kilogramme.

Sur le littoral sud, à la Côte d'Ivoire et surtout au Dahomey, la grande richesse, l'arbre bienfaisant et rémunérateur par excellence, c'est le palmier. Le long des lagunes et dans les forêts de l'intérieur, il développe partout ses sveltes colonnades verdoyantes. Çà et là, à travers l'horizon touffu et impénétrable, on aperçoit des silhouettes vaguement simiesques d'hommes accrochés par une cordelle au tronc de l'arbre, la tête noyée dans l'emmêlement des grandes feuilles immobiles sous le ciel sans haleine. Un bruit sec se fait entendre. C'est le Djed ou le Nago qui de son coupe-coupe attaque le régime qui se détache et tombe à terre. De là, on tirera la noix de palme et l'amande de palme qu'on transportera à tête d'homme à travers la forêt et qui iront faire de belle huile rouge dans les grandes cuves des factoreries. Détail bizarre, chaque palmier a son propriétaire distinct. Peu importe l'endroit où il se trouve et le sol sur lequel il pousse. Ceci est l'image très nette de cette conception essentielle du Noir que la terre ne vaut que par son produit.

La mystérieuse forêt vierge de la Côte d'Ivoire abrite aussi des bûcherons. Sous leurs vigoureux coups de cognée, l'acajou tombe à terre et va former les trains flottants d'énormes billes sur les rivières Mé, Comoé et Agnéby. « Dans les régions forestières les plus riches, dit le colonel Houdaille, le cube de bois équarri à vives arêtes que l'on pourrait retirer d'un hectare est supérieur à 80 mètres cubes et dans les régions les moins riches à 20 mètres. La moyenne paraît être voisine de 50 mètres par hectare. Comme la forêt a une surface de 6 millions d'hectares, on arrive au chiffre fantastique de 300 millions de mètres cubes de bois équarri à vives arêtes, représentant, au prix du sapin, à 50 francs le mètre cube, une valeur de 15 milliards. » On voit que les noirs abatteurs d'arbres géants ne sont pas près de manquer de besogne.

Mais on n'en finirait pas d'énumérer les produits de la terre d'Afrique occidentale. Nommons encore le gommier, l'*acacia vereck* dont les indigènes de la Guinée et du Soudan tirent la gomme arabique; le kolatier dont la noix, le kola, est pour les Noirs le régal, le fruit de luxe par excellence et qui constitue là-bas un commerce des plus importants; le karité qui donne du beurre végétal, de l'huile et du savon et dont le beurre est spécialement appelé à alimenter un mouvement d'affaires intéressant dans le Haut-Dahomey qui en a exporté en 1910 pour 37 tonnes; le cocotier dont la noix ou coprah fournit un beurre végétal : la cocose; le fromager dont on tire le kapok. Ajoutons le palétuvier dont on commence à exploiter le bois en Guinée, le baobab dont l'écorce est employée par des concessionnaires sénégalais à la fabrication du papier. Et finissons par une céréale bien moins connue et banale là-bas que chez nous, le blé. On en récolte dans le

LA SORTIE DES MOUTONS A LA BERGERIE DE NIAFUNKÉ.
CLICHÉ KEISER.

TYPE DE CHEVAL M'BAYAR (RACE DU SÉNÉGAL) AUX COURSES
DE RUFISQUE. — CLICHÉ DE VILMORIN.

Sahel et auprès du lac Faguibine. A Tombouctou, les femmes Sonraï font cuire dans des fours construits en pleine rue des pains de farine du pays qu'on nomme *takoula*. Enfin, pour être complet, il faudrait énumérer, sans pouvoir se défendre d'un souvenir de gourmandise, tous ces fruits des tropiques si succulents, si abondants, si peu coûteux.

L'élevage est frère de l'agriculture. Si dans la partie méridionale de l'Afrique française, principalement dans la zone maritime du Dahomey et de la Côte d'Ivoire, le bétail dépérit et meurt, il constitue de magnifiques troupeaux au Sénégal, en Haute-Guinée et surtout dans les vastes pâturages de la Boucle du Niger. On trouve dans cette région environ 350 000 bœufs et plus de 3 millions de moutons. Le long des prairies qui bordent le grand fleuve, *Dialiba*, comme disent les Noirs, on remarque parfois, paissant l'herbe haute, des troupeaux de 1 000 têtes. J'ai rencontré un jour celui des habitants de Djenné qui en comptait 5 ou 6 000, une véritable armée! Les bergers sont régulièrement, et de façon invariable, ces Peuhls au visage fin et régulier, au teint moins noir que les autres indigènes. Ils constituent le peuple pasteur par excellence. Peut-être sont-ils les descendants de fellahs d'Égypte.

L'attachement qu'ils montrent pour leur bétail rappelle le culte du bœuf Apis. On raconte qu'au temps de la conquête, les bœufs pris sur eux par nos troupes et parqués dans nos camps percevaient les appels qu'ils leur adressaient à plusieurs kilomètres de distance et couraient aussitôt les rejoindre. Partout, ce sont les Peuhls qui ont les troupeaux les plus riches et les mieux tenus. Ceux qui sont dépourvus s'engagent comme bouviers. C'est à eux seul qu'échoit la difficile tâche du dressage des bœufs porteurs. Chaque village Mandé a sa famille de Peuhls à laquelle est confié le troupeau commun. Du temps d'Ahmadou-Cheïkou, un bœuf représentait la valeur d'un franc par année d'âge. Aujourd'hui, il revient à 16 francs environ. Avec les difficultés que traverse en ce moment le commerce de la viande, avec la cherté croissante des vivres, on peut déjà prévoir le jour où des troupeaux conduits sur pied, après deux mois environ de pacage nomade, jusqu'à Dakar, y seront embarqués et dirigés sur Marseille ou Bordeaux. Si l'on sait que le fret ne pourra guère dépasser 50 francs par tête de bétail, on voit quelle révolution cette importation peut amener un jour dans le cours des marchés de France.

Le mouton ne réussit pas moins dans ces vastes étendues d'herbes qu'inonde périodiquement le Niger, père des eaux. Mais si l'on veut que sa laine prenne toute sa valeur, il faut obliger le Noir insouciant à une précaution indispensable : la séparation absolue des moutons à poil et des moutons à laine. L'Administration veille à cette séparation dans le gouvernement du Haut-Sénégal-Niger. Aussi lui est-il permis d'espérer un rendement annuel de près de 6 millions avec la vente de la laine. J'ai visité à Niafunké une ferme modèle installée par l'Administration et qui contient plusieurs centaines de reproducteurs de choix. Elle est protégée des incursions nocturnes du lion et de la panthère par de véritables remparts, ce qui n'empêche qu'il se passe peu de nuits sans qu'on ait à déplorer l'enlèvement de quelque bête. De très heureux croisements ont été obtenus par l'introduction de béliers mérinos d'Algérie et de moutons d'Écosse dits South-dows. La bergerie peut montrer plus de 600 magnifiques spécimens de reproduction métissée.

Niafunké possède également une autrucherie peuplée de fort beaux sujets et l'élevage de l'autruche donne dans la région les meilleures espérances. On sait que les Maures et les Touareg se livrent en grand à l'élevage du dromadaire. Par une tradition bizarre, les musulmans se défendent celui du mulet. De même, l'âne est pour les Kassonkés un objet de répulsion. En revanche, il pullule et est très employé dans le Sahel. Quant au cheval, on trouve dans le Macina des races vigoureuses, ardentes, pleines de résistance et de feu qui, judicieusement croisées avec le sang arabe, donnent d'excellents résultats.

Un haras a été organisé à Koulikoro. Entre de riants bouquets de verdure, des écuries, des magasins à fourrage construits en banco dressent leurs toits de chaume. Des chevaux passent, menés par des spahis indigènes à la veste rutilante. Ils sont de petite taille, 1 m. 45 en moyenne. Leurs membres sont bons, le degré de sang paraît remarquable, ils sont généralement bien faits. Mais le dessus gagnerait à être un peu plus soudé et les membres sont parfois légèrement panards. « Ces défauts d'attache du rein et d'aplomb peuvent se rectifier peu à peu, m'explique l'aimable directeur du haras, le capitaine de Franco. Il n'y a qu'à sélectionner méticuleusement les reproducteurs. Chaque année, nous faisons un pas nouveau dans la voie de l'amélioration de la race. En 1908, une introduction de sang barbe et syrien par trois étalons achetés en Algérie m'a donné des produits d'une très belle venue. Actuellement, nous arrivons difficilement à répondre aux demandes de saillie des indigènes. »

Un des problèmes qui a le plus longtemps préoccupé l'Administration et les colons en Afrique occidentale française est celui de la main-d'œuvre. Au début de notre occupation, l'indigène, timide, apeuré, ne se sentant pas les mêmes besoins qu'aujourd'hui, fuyait les entreprises européennes ou ne

LE LABOUR DANS LES RIZIÈRES A LA FERME D'YRI-KIRI
(GUINÉE FRANÇAISE).

LE BATTAGE DU RIZ A LA FERME D'YRI-KIRI.

SACS DE RIZ DESTINÉS A L'EXPORTATION AU POSTE DE NIAFUNKÉ
(HAUT-SÉNÉGAL-NIGER). — CLICHÉS MONGIT ET FORTIER.

consentait à y travailler qu'à des prix exorbitants. Rien de semblable ne subsiste aujourd'hui, sauf dans quelques régions du haut Dahomey et surtout de la Côte d'Ivoire. Ailleurs, on voit Toucouleurs, Bambaras, Malinkés, Kroumen nous proposer spontanément le travail de leurs bras. Les prix sont loin d'être excessifs et j'ai vu, notamment dans la région du Macina, des Cados travailler aux semailles et aux récoltes à raison de 5 francs par mois.

L'agriculture se pratique là-bas suivant deux modes principaux. Il y a d'abord la culture directe par l'Européen. C'est le système de la concession que nous allons montrer tout à l'heure. Le Noir n'y est employé que comme manœuvre. Dans le second mode de culture, au contraire, il cultive directement, après entente avec le colon. C'est le métayage. Ce système est très heureusement adapté à un pays où la terre n'a pas de valeur propre, mais ne vaut, j'y reviens, que par son seul produit. Le colon fournit les semences, les instruments de travail, le bétail. Il laisse la paille à l'indigène. La moitié de la récolte est pour lui. Il exerce en outre un contrôle et une surveillance que le manque d'initiative et l'insouciance du Noir rendent indispensables.

Il y a beaucoup de progrès à réaliser dans cette voie. Pour la récolte du caoutchouc notamment, l'Administration donne des instructions précises afin de saigner les lianes sans tarir la source de la sève. Peut-être le rôle des agents de culture devrait-il être rendu plus pratique. Peut-être leur action s'exercerait-elle plus utilement à diriger les efforts de l'indigène agriculteur qu'à multiplier des tentatives trop souvent d'ordre purement théorique dans des jardins d'essai. Combien il y aurait davantage à attendre de fermes-écoles! Et cependant, malgré les demandes réitérées de certains colons, l'Administration montre peu de hâte à entrer dans cette voie.

Dans une comédie, d'ailleurs fort spirituelle, intitulée *Une Blanche* et dont l'action se passe au Soudan, on demande à un des personnages, un officier :

— Qu'avez-vous planté dans ce pays?

Avec un calme imperturbable, il répond :

— Le drapeau.

De telles boutades sont dangereuses et il est plus d'un coin de notre France d'Afrique qui proteste contre elles. Précisément, l'effort initial est venu souvent des militaires. Plusieurs d'entre eux, officiers ou sous-officiers, furent des premiers à demander des concessions. Tel fut notamment le cas de M. Poirrey, ancien maréchal des logis chef de spahis, qui dirige à Yri-Kiri, près de Kourousa en Guinée, une très importante exploitation pour le compte d'une société anonyme française.

J'ai eu le plaisir d'être admirablement reçu par lui dans ce qu'il appelle très justement sa ferme, car les bâtiments de sa concession évoquent de façon saisissante quelque maison des champs en Beauce ou en Normandie. Des arbres entourent la cour carrée sur laquelle s'ouvrent la maison d'habitation, des étables, une scierie à ruban, des hangars. Par-dessus une clôture, des autruches montrent leur tête curieuse. Des bœufs reviennent du labour, petits, noirs, solides, tirant à six sur la charrue. Tête énergique et mâle sous son grand chapeau de feutre, front têtu, corps solide et résistant, âme vaillante et esprit plein d'initiative, M. Poirrey est depuis dix-huit ans dans le pays où il se porte à merveille. C'est en 1904 qu'il s'est installé à Yri-Kiri où il a rencontré d'abord d'énormes difficultés. Il m'énumère ses richesses.

« Nous avons ici, me dit-il, plus de 200 hectares de rizières en plein rapport donnant de 1 000 à 1 200 kilogrammes de riz à l'hectare qui sont toujours vendus sur place. On y fait également du caoutchouc exotique de divers âges et de diverses catégories, ceara, castilloa, fontumia, etc. : cent mille pieds environ. Nous cultivons le mil, le maïs, l'arachide, le coton, l'ananas, les arbres fruitiers. Quatre-vingts manœuvres noirs travaillent pour nous et ont leur village à eux. Nous avons cinquante bœufs, une centaine de porcs. Vous verrez ici des moissonneuses, des faucheuses, des batteuses. Ah! l'on se donne du mal, je vous jure, mais nous espérons bien réussir. »

D'autres Français ont imité l'exemple de M. Poirrey. M. Mourot a fondé à Mopti, sur le Niger, un centre important de cultures qu'il a baptisé Charlotville, du nom d'un de ses fils, un petit mulâtre, car, entre autres originalités, M. Mourot a celle d'avoir six femmes noires et une quinzaine d'enfants. Charlotville est riant et déborde d'activité au moment des récoltes. La maison d'habitation en banco dominant le fleuve du haut d'une terrasse représente un confortable rare dans ces régions. M. Mourot fait avec succès du coton, du riz, du mil, des légumes.

« Savez-vous, me dit-il, de quoi je suis le plus fier, c'est tout simplement de mes pommes de terre, une rareté et un régal par ici, comme vous avez déjà pu le voir. J'en ai récolté dix tonnes en 1909. Ça vous paraît un chiffre modeste? Si vous saviez ce qu'il m'a fallu d'efforts pour y arriver! »

Je pourrais citer d'autres noms de vaillants colons : M. Bergeron à Koulikoro, M. Colonna à Bohima, M. Putz à Dakar, cultivent tous les produits du pays et aussi tous les fruits et tous les légumes d'Europe. On trouve là des greffes savantes, des plants superbes, des systèmes d'irrigation pleins

SUR LE NIGER. LES BOSOS QUI MONTENT CES PIROGUES SE LIVRENT EXCLUSIVEMENT A LA PÊCHE. — CLICHÉ FORTIER.

d'ingéniosité. En Guinée, une compagnie agricole, la Camayenne, s'occupe principalement de l'exportation de la banane et de l'ananas et augmente chaque jour ses moyens d'action.

L'Afrique occidentale est un merveilleux pays de chasse. Presque partout et surtout au Soudan, abonde le gibier gros ou petit. Certaines de ces chasses sont extrêmement productives, notamment celle de l'éléphant qui a donné en 1909 près de 100 000 francs d'ivoire; celle de l'aigrette dont la plume est si recherchée par nos élégantes et qui rapporta à un seul exploitant, M. Mourot, plus de 70 000 francs en une seule année; celle du marabout, de l'autruche, du foliotocol et autres oiseaux à l'étincelant plumage. Mais il importe de sauvegarder l'avenir. Dans ce but, le Gouvernement général, après avoir réglementé la chasse à l'aigrette et l'avoir interdite durant plusieurs années, songe aujourd'hui à protéger un certain nombre d'espèces utiles, telles que l'éléphant et l'autruche, qui sont menacées de disparition. Pour les grandes chasses aux fauves, le Soudan et surtout la Guinée, bien que moins fréquentés que l'Ouganda par des présidents de république en disponibilité, mériteraient de tenter tout autant les hardis winchesters.

La pêche offre également de fécondes ressources. On prend de beaux et succulents poissons dans les grands fleuves et dans les lagunes du Dahomey et de la Côte d'Ivoire. Le long du Niger, on trouve deux races d'indigènes, les Bosos et les Somonos, qui n'ont pour industrie que la pêche et la conduite des chalands. Mais la région par excellence des merveilleux coups de filet, c'est la côte du Sénégal et de Mauritanie.

Dans ces parages du cap Blanc et du banc d'Arguin où erre l'ombre lugubre de la *Méduse*, j'ai assisté à une pêche véritablement miraculeuse. C'est par des compatriotes que j'y avais été convié, car, bravant le manque d'eau, la difficulté de communications et de ravitaillement, et jusqu'au fusil des Maures, des Français ont eu l'énergie de venir installer, parmi ces sables blêmes et ces falaises crayeuses à l'apparence fantomatique, une entreprise de pêcherie. Son jeune directeur, M. Jean de Vilmorin, ancien officier de cavalerie devenu homme de mer, m'a fait monter à bord du chalutier l'*Hékla*. Le navire marche tout doucement. Alignés le long du bordage, Bretons, Canariens et Sénégalais employés à bord attendent silencieusement le moment de relever le chalut qui flotte, maintenu par ses deux plateaux, dans les profondeurs de l'océan.

Soudain la voix du capitaine lance le signal :

« Amène! »

En un vigoureux effort, bras blancs et bras noirs s'unissent pour tirer à eux les solides mailles brunes

LA PÊCHE A PORT-ÉTIENNE (MAURITANIE) LE VIDAGE DU CHALUT.
C'EST UN IMMENSE ET FRÉMISSANT SCINTILLEMENT D'ARGENT AUX
REFLETS BLEUS, BRUNS, GRIS, ROUGES.

qui traînent derrière elles, dans un large remous, un énorme poids encore invisible. Enfin la poche apparaît, flotte à la surface, s'élargit, une poche gigantesque, pleine à craquer, gonflée comme un ballon dont l'enveloppe serait de métal brillant. Il y a bien là huit tonnes de poisson grouillant, sautant, frétillant, tout étincelant d'éclairs brusques sous le soleil qui miroite. Un coup de couteau ouvre le chalut. La merveilleuse jonchée vivante! C'est, inondant toute l'étendue du pont, un immense et frémissant scintillement d'argent aux reflets bleus, bruns, gris, rouges : morues d'Afrique, dites courbines, soles, dorades, mulets, loubines, etc. Il y a des poissons qui sont presque de la taille d'un homme. Il arrive parfois que la poche contient un tel poids qu'on est obligé de l'ouvrir avant de la hisser à bord et de laisser retomber une partie du poisson à la mer. Dans la belle saison, le poids brut pêché par un chalutier peut varier de 10 à 30 tonnes par jour.

On revient en ce moment de l'idée qui avait d'abord amené sur la plage de Port-Étienne tout un personnel et un matériel de pêcherie et fait surgir à cette morne pointe du Sahara de vastes locaux d'exploitation. On a compris que l'avenir de ces eaux si prodigieusement fécondes résidait dans l'organisation de campagnes temporaires de pêche, ainsi que les marins de Paimpol et de Saint-Malo vont les pratiquer en Islande. Aujourd'hui, quelques-uns de ces mêmes Bretons, délaissant les froids horizons du Nord, viennent de novembre à avril, sur le littoral mauritanien, avec une flottille de navires aménagés de manière à rapporter toutes fraîches les langoustes dans nos villes maritimes. Les équipages se livrent aussi avec succès à des essais de séchage et de salage de la « morue d'Afrique ». Des subventions sont accordées à ces pêcheurs qui, loin des parages traditionnels de Terre-Neuve et d'Islande, vont chercher dans les eaux africaines tout illuminées de soleil un nouvel et riche aliment pour leurs filets.

Ainsi cette côte célèbre par ses naufrages nous apparaît comme hospitalière et nourricière. Elle ressemble par là aux plaines d'Afrique occidentale, ces terres calomniées où lèvent des moissons de toutes sortes.

CHAPITRE VIII

LA SOCIÉTÉ INDIGÈNE

Races et castes. — Caractères fondamentaux de la mentalité noire.
— Fétichisme et mahométanisme. — L'islamisation de l'Afrique
occidentale. — Est-elle un péril? — Échec du christianisme. —
La politique musulmane. — Organisation de la famille noire. —
L'esclavage. — Captifs de traite et captifs de case. — L'éduca-
tion du Noir. — L'avenir.

DANS cette étude de l'évolution nouvelle de
l'Afrique occidentale française, il nous reste
à étudier les hommes. Certes, il ne faut pas songer à examiner ici en leur particulier tant de races
diverses, tant de coutumes variées. D'autres voyageurs ont poussé cet examen jusqu'à l'extrême
détail. On essaiera seulement de dégager les caractères généraux de la société indigène, principalement dans ses rapports avec notre action colonisatrice.

Cette société a été tellement emmêlée, brouillée,
mélangée pendant des siècles par les invasions, la
vie nomade, la traite des esclaves, la polygamie, les
exodes, les rezzous qu'il est assez difficile d'y
reconnaître beaucoup de types tranchés d'humanité. Toutefois ceux-ci peuvent se ramener à quatre

groupes principaux : 1º les Blancs; 2º les Rouges; 3º les métis; 4º les Noirs.

Les premiers sont les Maures, les Touareg et les autres peuplades de la région du Sahel : Dagas, Kountas, Berabichs, etc. Ils sont de race arabe ou berbère. Toutefois, une opinion qui s'accrédite de plus en plus voit dans les Touareg des descendants peut-être métissés des Croisés qui établirent des fiefs en Palestine ou firent souche en Égypte. Quoi qu'il en soit, à voir leurs armes, leurs parures, à étudier leurs mœurs, il paraît indéniable que les ancêtres de ces rudes hôtes du désert ont connu nos guerriers du Moyen âge.

Les Rouges, ce sont les Peuhls ou Foulbés, presque aussi noirs de teint que le nègre, mais d'un type ethnique beaucoup plus fin et visiblement différent. On a fait toutes les suppositions possibles sur leurs origines. Sans doute à leur ressemblance avec les antiques Fellahs, à certaines coutumes rappelant le culte du bœuf Apis, peut-on conjecturer avec plus de probabilité qu'ils sont venus d'Égypte.

Les métis ont été engendrés par les croisements les plus variés. Toutefois certains de leurs groupements ont acquis plus d'importance par le nombre et la vitalité. Il leur est arrivé souvent de jouer un rôle plus actif que les races fondamentales. Parmi ces métis, il faut citer plus particulièrement les

Pourognes, mélange de Maures et de Noirs, les Toucouleurs, mélange de Peuhls et de Mandé. On trouve à Tombouctou et à Djenné des Noirs qu'on appelle Marocains, parce qu'ils ont conservé du sang de ces anciens maîtres du pays; tous se livrent à l'industrie du cuir.

Mais c'est évidemment la race noire qui constitue l'immense partie des populations. Allons-nous en énumérer les nombreux rameaux? La simple nomenclature des Ouolofs, Sérères, Bambaras, Soussous, Bosos, Mossi, Apolloniens, Nagos, etc., n'apprendra pas grand'chose. D'ailleurs, la différence de race n'est d'aucune importance pour la vie sociale en Afrique occidentale. Cette vie est au fond la même pour toutes les races, même pour celles qui ne sont pas de sang noir. Étonnante est l'aptitude des diverses populations de ces régions à se côtoyer en bonne intelligence, à adopter les mêmes conditions de vie, de régime social, de religion, etc. Le Noir superficiel et imitateur change avec autant de facilité de mœurs que de costume. Traditionaliste d'instinct au fond, il se laisse cependant entraîner par sa nature passive à changer les dehors et même certains modes essentiels de son existence.

Il ne s'attache pas davantage au sol. Pour lui il n'existe pas de patrie. On le trouve toujours plus ou moins nomade, soit qu'il se livre au métier de pasteur, soit qu'il change de lougan, parce qu'il ne fume pas les terres et qu'il lui en faut sans cesse de nouvelles qu'il défriche par les feux de brousse. Rien n'égale la facilité avec laquelle il quitte son pays natal. Un boy est toujours prêt à suivre un Européen dans les régions les plus lointaines. Il n'est isolé ni embarrassé nulle part, tout au moins en pays noir, et ceci prouve bien l'étroite parenté des races, leur faculté d'assimilation l'une par l'autre. J'ai vu un boy Ouolof laissé à la Côte d'Ivoire rester plus d'un an parmi les différentes populations de l'intérieur et finalement rentrer par ses propres moyens à Dakar, sans avoir éprouvé la moindre gêne. Partout, les races se mêlent et se confondent. Elles constituent des îlots souvent assez étendus sur différents points, mais elles n'arrivent pas à fonder un groupe, une unité sociale. La seule unité sociale du monde africain, c'est la famille ou tout au plus le groupe de cases.

La caste elle-même n'arrive à constituer que des exceptions sans organisation au sein d'elles-mêmes. Cependant il y a un étrange élément de persistance dans ce milieu en perpétuel changement. Où la race n'arrive pas à se maintenir et à durer, la caste dure. Dans presque toutes les parties de l'Afrique occidentale, le griot ou improvisateur de chansons, le forgeron, le charpentier, le cordonnier occupent une place à part, reçoivent un traitement

MAURE ET TARGUI. ROULIERS DU DÉSERT, LES MAURES SE REN-
CONTRENT AUX ENVIRONS DE TOMBOUCTOU AVEC LES TOUAREG
QUI NOMADISENT DANS LE SAHEL. — CLICHÉ FORTIER.

spécial dans la famille ou le village. Partout et de tout temps, le griot, ce maître-chanteur des régions tropicales qui entonne les louanges des passants dans un but intéressé et les diffame ensuite à pleine voix s'il juge qu'ils ne se sont pas montrés assez généreux, partout ce cynique aède au lyrisme facile et coupable est aussi universellement qu'immuablement méprisé. On s'explique moins le discrédit où est tenu le cordonnier. Ce discrédit vient-il de Judée? A-t-il été apporté par des peuples de race sémite? « L'industrie du cuir, dit Renan, parlant du monde juif, était un métier presque impur : on ne devait pas fréquenter ceux qui l'exerçaient, si bien que les corroyeurs étaient réduits à demeurer dans les quartiers à part. » Et pourquoi avoir placé encore plus bas dans l'échelle sociale, avoir rendu tant abject ce forgeron qu'on rencontre aux abords des villages, attisant son feu avec ses deux soufflets de peau de chèvre, tandis que sa femme, la *noumoumousso* s'en va pratiquer dans les cases la délicate opération de l'excision des filles? Mystère et fétichisme.

A qui veut chercher à s'expliquer l'obscure mentalité du Noir, je crois qu'il est nécessaire de partir d'un triple point de vue : 1º ce primitif a du monde une conception toute fétichiste; 2º il a de la famille une conception basée sur l'utilisation pratique et l'évaluation économique de ceux qui en font partie; 3° il a de la société une conception tout esclavagiste. Voyons d'abord le premier de ces points de vue et disons quelques mots de la question si importante de la religion pour nos indigènes de l'Afrique occidentale.

Grand enfant ingénu à l'imagination complaisante et déréglée, le nègre est fétichiste dans l'âme, comme tous les êtres et comme tous les peuples qui commencent. Le monde lui apparaît sous l'aspect d'une vaste scène peuplée de bons et de mauvais fétiches. Son esprit se cantonne dans une sorte de panthéisme grossier et confus qui assimile ce qu'il ne comprend pas aux faits de la vie journalière ou qui se contente de traiter de fétiche, c'est-à-dire d'extra-humain tout ce qui dépasse son entendement. Rencontrant dans un marché du Dahomey un de ces horribles albinos aux yeux clignotants qui de loin évoquent atrocement la race blanche, je demandai à mes hamacaires : « Qui est-ce? » Et ils me répliquèrent par ce mot qui a réponse là-bas à tant de choses : « Fétiche! » Chez les Mandé on vous dit que l'éclipse de lune est tout simplement produite par un chat qui veut manger la lune. Aussi font-ils un tapage infernal, afin d'effrayer le chat.

Le fétiche peut être aussi un objet quelconque, divinisé on ne sait pourquoi : une pierre, un arbre, un morceau de bois grossièrement équarri. Le

Blanc devra tâcher de les connaître, afin de ne pas blesser les convictions de l'indigène. Souvent on voit accrochés aux branches d'un arbre, à l'entrée d'un village, des objets qui semblent cependant fort peu propres à exciter l'enthousiasme religieux : vieilles sandales éculées, haillons déteints, bouquets de feuilles, etc. Des tas de pierres à terre constituent aussi des fétiches. Il y a des cases aux fétiches qui sont tantôt des sortes de temples rustiques, tantôt des abris en terre dont le toit se trouve presque au ras du sol. Fétiches aussi, ces sortes de bois sacrés autour des villages où les marabouts, sorciers et féticheurs préparent les gris-gris. Et il y a encore les jours fétiches où l'on se barbouille le visage de dessins bleus, rouges ou jaunes. Fétiches, les serpents, les caïmans et tant d'autres animaux.

C'est le fétichisme qui a engendré cette coutume séculaire qu'est le *tana* ou parenté de l'homme avec les objets naturels, principalement avec les animaux. Le tana, c'est l'animal protecteur de la race, du clan, de la famille. Il est sacré à quiconque le compte parmi les siens. Celui-ci ne peut ni le chasser, ni le manger, ni lui faire de mal. Il n'est pas rare de voir un Noir refuser de tirer à la chasse sur une pièce de gibier, parce qu'il donnerait ainsi la mort à un de ses parents. Le lion, *ouaraba*, fait à peu près partie de toutes les familles.

J'ai vu un boy me refuser catégoriquement d'expulser un caméléon de ma case, parce qu'il ne lui était vraiment pas permis de refuser l'hospitalité à un de ses cousins. Ne nous laissons pas trop entraîner à un sourire dédaigneux ou moqueur devant cet attachement religieux pour l'animal considéré comme une sorte de palladium familial. Il en était de même chez nos lointains ancêtres de Gaule et de Germanie et c'est probablement d'une sorte de *tana* original que nous vient le blason, avec ses lions, ses ours, ses licornes, ses merlettes.

Le fétichisme a eu une action considérable sur le caractère et les mœurs des Noirs et ceci nous explique bien des actes qui nous apparaissaient autrefois comme suggérés par une incompréhensible barbarie. Lorsqu'après la prise d'Abomey, le colonel Dodds demanda une entrevue à son prisonnier, le roi Béhanzin, celui-ci fit répondre qu'il ne pouvait voir son vainqueur avant d'avoir mis lui-même à mort sa propre mère. Stupeur épouvantée du colonel qui accourt pour empêcher le parricide. Mais, imperturbable, le roi nègre déclare : « Je suis vaincu, mon royaume m'est enlevé. Il faut que dans l'autre monde, mon père Glé-glé le sache. Qui puis-je lui envoyer pour le prévenir? Tout autre que ma mère serait indigne. » Ce fut, d'ailleurs, tout à fait malgré elle qu'on mit en sécurité celle qui allait être sacrifiée. De même, les victimes

FÉTICHEURS ET FÉTICHEUSES A WHOMEY. LES POPULATIONS DAHO-
MÉENNES SONT A PEU PRÈS EXCLUSIVEMENT FÉTICHISTES. —
CLICHÉ FORTIER.

qu'on égorgeait jadis à Abomey, le jour de la fête des Coutumes, mouraient souvent de leur plein gré et écoutaient religieusement les commissions dont on les chargeait pour les importantes personnalités défuntes.

On pourrait reprocher au fétichisme bien d'autres méfaits aussi criminels en apparence. Heureusement, et surtout depuis que nous y avons mis le holà, il est le plus souvent puéril et consiste à faire acheter à l'indigène chez le marabout ou le sorcier des quantités de gris-gris contre la maladie, la mort des bestiaux, la stérilité des femmes, l'incendie et toutes les calamités possibles et imaginables. Cette forme primitive de croyance est si fortement ancrée chez le Noir que la croyance aux gris-gris se retrouve même chez les mahométans que l'on voit se promener comme les autres, balançant nonchalamment sous les plis amples de leur boubou d'énormes paquets de petits sachets de cuir contenant « bons gris-gris ».

Ces mahométans sont aujourd'hui très nombreux. Depuis plusieurs siècles, l'Islam a fait son apparition à travers les vastes plaines de l'Ouest africain et dès le XVIe, Tombouctou était une ville sainte entièrement vouée au culte du Prophète. Peu à peu la propagande s'est étendue et la tache faite au milieu du fétichisme ambiant par les nouveaux croyants a été gagnant de jour en jour.

Il n'est pas douteux qu'elle ne grandisse encore, bien que certains de ses facteurs d'influence aient diminué ou même totalement disparu.

En ce moment, on assiste dans certaines régions du Soudan à un recul de l'Islam imprévu et assez sensible. Il est curieux d'en rechercher les causes. Elles tiennent aux modifications subies par les facteurs d'influence dont je viens de parler. Ceux-ci étaient au nombre de quatre : le conquérant, le marabout, le maître d'école et le *dioula* ou colporteur. Le conquérant n'est plus là pour maintenir par la force des conversions dues au pouvoir du sabre et c'est pourquoi des cercles comme celui du Beledougou retournent à leurs anciennes croyances. Par contre-coup et aussi en raison de la concurrence que lui fait notre enseignement, le pouvoir du marabout maître d'école se trouve en décroissance. C'est ainsi que le chiffre de la population mahométane de Bamako qui était de 1310 en 1897 n'atteignait plus que 834 en 1908. Il est vrai que sur d'autres points, à Ségou, à Zinder, par exemple, les progrès de l'Islam augmentent chaque jour. La parole du marabout continue à amener en foule les indigènes à « faire salam », suivant l'expression des Noirs toujours frappés et de façon presque unique par le côté extérieur des choses. Le marabout reste aujourd'hui le grand et presque seul recruteur du croissant. Le *dioula*, lui, agit par infiltration lente. Lorsqu'il se sent vieillir, il vient souvent établir une mosquée dans l'un des villages où il passait jadis. Autrefois, dans le Mossi, la coutume des Nabas interdisait l'accès des étrangers sous peine de mort. Maintenant le dioula voyage à son gré et se trouve le meilleur apôtre de Mahomet, après ce marabout nomade qui, en égrenant son chapelet de bois et multipliant les gesticulations dévotes, va répandre parmi les villages de la brousse sa parole ardente et souvent intéressée. Car c'est à qui l'hébergera dans sa case, il a partout sa place au couscous familial et le commerce des gris-gris procure toujours quelques ressources.

D'ailleurs, tout croyant, même le plus humble, sait se faire propagandiste, sans mission fixe, sans encouragement moral ou matériel, dans le seul intérêt de son salut. L'Islam porte en lui-même une force d'expansion considérable et trouve parmi les siens, en Afrique occidentale comme ailleurs, un ardent prosélytisme. C'est qu'entre toutes les religions qu'on a essayé d'introduire dans le pays, celle de Mahomet est de beaucoup la mieux adaptée. Synthèse de croyances et d'idées morales antérieures, elle est caractérisée par un manque d'originalité qui en favorise l'extension et l'accommode à tous. Par la simplicité de son culte et son absence de sacerdoce, elle permet à chaque croyant d'entreprendre et de réussir des conversions et elle est partout applicable. Elle ne comporte ni distinction de classes ni préjugé de couleur. La multiplicité de ses pratiques, leur régularité, leur extériorisation frappent et retiennent l'esprit fugace du Noir. Elle permet l'esclavage et ne contrarie en rien les institutions et les coutumes des habitants de l'Ouest africain. Enfin et surtout peut-être elle n'impose aucune obligation en contradiction avec les lois de la nature, mais au contraire elle parle aux sens et permet la polygamie.

C'est, au contraire, à la défense qu'il fait de celle-ci qu'est plus particulièrement dû l'échec à peu près complet du christianisme en Afrique occidentale. Presque partout, même au Sénégal et au Dahomey où ils comptent depuis longtemps d'importants établissements admirablement tenus et dirigés, nos missionnaires, malgré leur activité, leur zèle et leur vaillance, n'obtiennent que de très médiocres résultats. Au Soudan, les Pères blancs même dans leurs centres d'action n'ont réussi à former qu'un nombre insignifiant de catéchumènes. Ils trouvent des foyers d'opposition dans les confréries mahométanes. C'est tout juste si j'ai rencontré auprès de Siguiri un village catholique.

Le Noir gardera l'attachement invincible à la polygamie, tant que durera sa vie domestique actuelle, avec la longue préparation du couscous, l'obligation du travail pour la femme et surtout peut-être l'allaitement de l'enfant pendant trois ou quatre années, époque pendant laquelle l'épouse ne cohabite plus avec son mari. « L'obligation de la femme unique détourne sans remède les indigènes de nous, me disait à Ségou un évêque missionnaire. Nous ne pouvons suffire à fournir des desservants et malheureusement il nous est à peu près impossible de recruter des diacres indigènes pour nous suppléer. Jadis, pour conjurer le mal, un de nos Pères avait proposé trop subtilement, certes, qu'une seule des femmes du Noir fût considérée comme son épouse, tandis que les autres seraient assimilées à des concubines, mais le Pape a refusé d'accepter cette interprétation. » Et pourtant l'ardent apostolat des missionnaires, leur persévérance mériteraient une récompense. Ils restent parfois jusqu'à quinze années de suite dans le pays et il est difficile de ne pas considérer sans une émotion respectueuse ces visages barbus et jaunes restés sereins malgré l'anémie qui les tire et ces pauvres corps maigris flottant dans les amples robes blanches.

Donc, parmi les religions importées, l'Islam seul triomphe. On sait que bien des gens voient dans ce triomphe un danger et le péril de l'Islam est depuis longtemps une question à l'ordre du jour.

Un des premiers explorateurs de l'Afrique occidentale, Mage, signalait en lui la source des maux du pays en même temps qu'un ennemi irréductible des Européens. Il écrivait : « Le combattre ouvertement serait peut-être un mal, l'encourager en est un beaucoup plus grand. A mes yeux, c'est un crime par complicité. » Du moment qu'il s'agit du Noir tel qu'il est, cette prévention contre l'Islam est à coup sûr exagérée. On n'a que trop accordé de créance à ce fameux fanatisme si souvent agité devant nos yeux comme un épouvantail. Par une exagération singulière d'esprits affolés devant l'inconnu, on a attribué à la frénésie religieuse des actes dont elle est parfaitement innocente et qui s'expliquent par des causes infiniment plus simples. Sauf en Mauritanie où le pouvoir d'excitation des marabouts reste considérable, l'Islam en Afrique occidentale n'est pas le péril qu'on a signalé. M. le gouverneur Binger l'écrivait déjà, il y a quelques années. L'inquiétude serait encore moins fondée aujourd'hui.

Le Noir musulman n'est pas fanatique. Il n'est même religieux que superficiellement et ne s'attache presque exclusivement qu'aux gestes manifestes du culte. Son cerveau puéril ne peut s'assimiler la forte morale du Coran. Il n'en possède que de vagues bribes mal retenues par cœur, depuis le temps où il les ânonnait à l'école devant un marabout d'occasion. Toute la foi du Noir, disciple de Mahomet, se réduit en sa formule résumatrice « faire salam ». Il éprouve au fond plus d'indifférence et de désir d'étonner que de conviction et d'intolérance. J'ai pu entrer seul dans les mosquées de Tombouctou sans encourir la moindre colère des croyants qui, prosternés sur les nattes, débitaient machinalement leurs prières. Plus d'un marabout en train de faire une instruction m'a adressé le salut hiératique de son bras levé et de sa main tendue vers le ciel. Et que de fois aussi, le musulman qui refuse un verre d'alcool en public l'implorera en cachette pour une soi-disant cause de maladie ou pour faire boire son cheval qui a des coliques! Inutile d'ajouter que l'animal n'en absorbe pas une goutte et que sa colique n'est qu'une imagination ingénieuse.

Que doit donc être notre politique musulmane en Afrique occidentale? On ne peut l'indiquer avec précision, car il n'est pas sur ce point de recette infaillible. Quelquefois, notamment en Mauritanie, méfiance et circonspection devront être le mot d'ordre. Nous avons tout à craindre en effet de l'esprit d'observation sournois des populations, de leurs ressentiments dissimulés longtemps mais prêts à éclater à la première occasion favorable. Les marabouts en particulier sont doués de rares qualités d'analyse. Ils s'efforcent de saisir l'intime pensée du vainqueur et y parviennent. Toute indécision les frappe et ils s'en servent pour créer un mouvement d'agitation. Les moindres actions des nôtres sont contrôlées et discutées dans le ksar ou sous la tente. Il faudra infiniment d'habileté, de sagesse et de prudence pour administrer ces tribus. Il faudra aussi la connaissance approfondie et la fréquente utilisation dans notre intérêt de ce Coran qui est tout à la fois pour la théocratie arabe et berbère le livre de Dieu et le livre de la Loi.

Dans la plupart des autres colonies d'Afrique occidentale, la conduite à tenir avec les éléments mahométans sera singulièrement plus facile et devra se borner à protéger certaines institutions. En aucun cas, nous ne devrons chercher à aller au delà et tomber dans cet excès préconisé par quelques-uns qui est l'islamisation. « S'il est impolitique de combattre ouvertement l'Islam, ce serait également une faute d'encourager la propagande musulmane dans l'Afrique occidentale. Nous n'avons aucun intérêt à favoriser l'Islam, car l'éducation religieuse des indigènes ne saurait être la loi suprême de la politique coloniale. En aidant l'islamisation de l'Ouest africain, nous ne ferions qu'y constituer une masse imposante de musulmans, sans aucun contrepoids qui puisse balancer leur influence[1]. »

1. A. Quellien, *La Politique musulmane dans l'Afrique occidentale française.*

UN COLLÈGE DE FÉTICHEUSES (DAHOMEY). LES JEUNES FÉTICHEUSES FORMENT DES SORTES DE CONGRÉGATIONS QUI REÇOIVENT L'ENSEIGNEMENT SACERDOTAL.

UN TAM-TAM D'HONNEUR A ABOMEY. DANS LE FOND, LES PARASOLS DE PARADE DES CHEFS. — CLICHÉS FORTIER.

La sagesse, c'est de laisser vivre les institutions musulmanes sans les favoriser au détriment des autres. A plusieurs reprises, on a donné à des populations des chefs de race et de religion différente, notamment mahométane. C'est une énorme erreur. Nous avons également exagéré très inopportunément le respect dû à la religion du Prophète, en ouvrant à Djenné une médersa pour les jeunes croyants. Son programme tient en cette formule : faire acquérir à l'étudiant la maîtrise de la langue arabe littéraire et l'initier à l'exégèse coranique. A quoi bon ? L'arabe littéraire est une langue morte qui ne peut avoir d'autre utilité pour nos Noirs du Soudan que de leur permettre de déchiffrer le Coran. Nous visons donc ainsi un but strictement religieux, bien étrange de la part d'une nation qui a séparé chez elle l'Église de l'État.

Au propre, la médersa de Djenné est un séminaire dont le besoin ne se faisait nullement sentir. Et puis, n'est-ce pas ravaler notre enseignement et notre culture que de fonder une université arabe avant qu'il existe là-bas une université française ? Ce grand bâtiment rectangulaire, construit dans le même style que les autres maisons de la ville, en banco bien maçonné aux tons d'ocre claire, comprend actuellement quarante élèves répartis en trois années et instruits par deux professeurs que l'on a fait venir d'Algérie : MM. Merzouk et Mohammed-Ali. Bien curieux, le spectacle de ces deux maîtres de couleur blanche, en veste courte et large pantalon bouffant, au milieu de leurs écoliers au teint d'ébène, vêtus tout uniment de leur boubou de cotonnade blanche. J'ai pu constater dans la classe de troisième année la tiédeur progressive de certaines régions mahométanes vis-à-vis de la croyance. Un des maîtres demande à ses élèves leurs intentions d'avenir. Bien que nous fussions dans une ancienne ville sainte, tous voulaient, en quittant la médersa, se livrer au commerce. Un seul déclara sur un ton d'importance, qu'il voulait « chercher la science » (traduisez : se faire marabout). Mais c'était le fils du cadi ! Ainsi notre création fait même faillite au point de vue religieux, ce qui prouve sa complète inutilité.

Nous sommes arrivés à appliquer au Noir mahométan sa propre morale, à le gouverner par ses principes, en quelque sorte à lui parler sa langue. Pourquoi n'en ferions-nous pas de même avec les fétichistes? L'idée est en train de prendre racine. En 1908, une vaste enquête a été entreprise auprès des commandants de cercle pour recueillir et codifier les coutumes, les règles, les traditions des peuplades fétichistes. Ces données ne permettraient-elles pas la rédaction d'un coutumier qui serait une base plus solide pour les décisions des tribunaux indigènes? Ne pourrait-on, à l'exemple ce qui se fait à la médersa de Djenné, mais en se limitant strictement et évitant toute incursion sur le terrain religieux, ne pourrait-on, dis-je, établir un cours de droit coutumier pour les jeunes fétichistes élèves de nos écoles et appelés plus tard à exercer quelque influence sur les leurs? Pourquoi le marabout et le cadi garderaient-ils le monopole de l'autorité morale et de la science? Le féticheur n'est qu'un jongleur et qu'un sorcier. Instruisons-le ou mettons à côté de lui un personnage investi de quelque pouvoir spirituel. Que les fétichistes instruits prennent conscience de leur nationalité non musulmane et ils seront naturellement portés à la défendre contre les empiétements de l'Islam envahissant. Pour coloniser, il ne faut pas imposer aux peuples des coutumes et des traditions nouvelles. Il faut donner une base plus large à celles qu'ils possèdent, après se les être convenablement assimilées. L'idée n'est pas neuve et il y a plus d'un siècle que Bonaparte, organisant sa conquête de l'Égypte, n'agissait pas autrement.

Nous ne devons pas moins respecter l'organisation de la famille noire, malgré ce qu'elle peut avoir pour nous de barbare et de choquant. Il n'est pas douteux, d'ailleurs, que peu à peu, par l'exercice prolongé de notre action colonisatrice, cette famille noire n'évolue vers un avenir plus moral et plus digne de l'humanité. Jusqu'à ce jour, elle a été basée, ainsi qu'il a été dit plus haut, sur l'utilisation pratique et l'évaluation économique de ses membres. Composée des hommes libres, des femmes, des enfants et des captifs, elle forme en Afrique occidentale l'unique groupe social. Dans ce groupe, la femme, l'enfant et le captif constituent de véritables propriétés en même temps que des instruments de travail et de rapport dont le chef de case peut disposer à son gré.

Il ne s'ensuit pas de là qu'ils soient forcément maltraités et malheureux. Tout naturellement, par le fait que l'être humain prend une valeur marchande, celle-ci sert d'étalon à toutes les autres. Un homme vaut trois bœufs, huit moutons. La conséquence naturelle est que pour le chef de case l'important, c'est d'avoir le plus d'enfants possible. Aussi la femme stérile est-elle déconsidérée et souvent même répudiée. Plus la famille est nombreuse, c'est-à-dire plus elle compte de femmes et de captifs, plus elle a de richesse et de prospérité, car elle apporte plus de bras pour la culture des lougans. Elle divise mieux le travail, peut plus facilement encourir les risques de l'existence et tient en réserve des valeurs toujours négociables. C'est proprement l'esclavage dans la famille.

Ce mot paraît-il trop fort, quand on songe que la femme et l'enfant peuvent être vendus, loués, échangés, mis en gage? Le mariage de la fille est une vente qui se fait sans son consentement. Il en est de même chez certaines races blanches. Les jeunes filles Maures sont engraissées par leurs parents pour être vendues plus cher, « comme des porcs au marché », dit Mage. Les Touareg gavent leurs filles dès la huitième année, en vue du mariage. Pour ce mariage, la volonté du chef de case est la seule qui soit nécessaire. Vit-on jamais *sonkourou* (jeune fille) se rebeller devant cette volonté? En tout cas, une légende populaire bambara nous conte le sort lamentable de la belle Nénié qui fut réduite à convoler avec un crapaud, pour s'être refusée à prendre l'époux que lui avait choisi son père. Cet exemple est considéré comme détestable et la morale de la légende, c'est que depuis ce jour les jeunes filles ont toujours accepté les maris que leur destinait leur père.

Tout est barbare et sent la domination sans limite dans le mariage indigène. Non seulement, la femme est vendue contre le versement d'une dot dont le montant varie suivant la région et va environ de 1 000 francs chez les Ouolofs à 100 francs dans la vallée du Niger et 50 francs à la Côte d'Ivoire, mais elle subit souvent, chez les Bobos, les Mossis, les Habbés, les Sarrakholés, les Sonraï, et bien d'autres encore un enlèvement réel ou simulé. La cérémonie du mariage s'accompagne presque toujours de pratiques peu encourageantes. Dans certaines régions de l'intérieur, la femme est battue, le jour de son mariage, en signe de sujétion, par son père d'abord et ensuite par son mari. Chez les Ouangarbés du Mossi, les matrones conduisent la jeune épousée à la case nuptiale. Sur le seuil, des fers et un fouet lui sont présentés par le forgeron qui lui dit : « Femme, ces fers te seront attachés aux pieds si tu es volage, ce fouet te cinglera si tu n'obéis pas. »

L'augure, hélas ! est véridique. La pauvre femme noire vit jusqu'à la fin de ses jours une existence de bête de somme, dure travailleuse inclinée sans cesse sous le brûlant soleil dans la terre brune des lougans, éternelle pileuse de couscous, couveuse d'enfants vite flétrie et dont le visage demeure cependant souriant et gai. C'est sur elle que retombent les mille besognes de la vie indigène et un grand nombre d'ouvrages industriels qui sont chez nous l'apanage des hommes : battre et vanner le grain, récurer les calebasses, faire le beurre de karité, l'huile, le savon; procéder à la cueillette de l'indigo et du coton; égrener, carder, filer, tisser ce même coton; teindre les vêtements; fabriquer la poterie; cuire le pain dans les régions où il y a du blé. Ajoutez à cela qu'elle n'arrête pas de mettre au monde des négrillons qu'elle nourrit jusqu'à trois et quatre ans et qui l'épuisent.

Elle ne prend pas ses repas avec son mari et vit

dans une case distincte. Pourtant, elle est souvent plus intelligente, plus avisée que l'homme. Tout en l'écrasant de labeur et en la maltraitant, il arrive que son seigneur et maître prend ses avis et suit ses directions. Parfois, pour l'en remercier, il se mettra à lui faire une vie intenable afin de l'obliger à divorcer et de rentrer par là dans les débours qu'il a faits pour acquitter la dot. Car le mariage, en raison de la valeur marchande attribuée à la femme et à la postérité dont elle apporte la promesse, le mariage n'est qu'un achat dont le futur acquitte le prix entre les mains de la famille de celle qu'il veut épouser. C'est la dot versée par l'homme à l'inverse de ce qui se fait chez les peuples avancés en civilisation. En raison de l'intérêt qu'il peut y avoir à rechercher certaines alliances, les fiançailles se font souvent étrangement à l'avance. Moussa, âgé de dix-huit ans, va demander en mariage Nassou qui compte tout juste deux printemps et ils ne convoleront guère avant une douzaine d'années. Les veuves et les divorcées subissent une dépréciation considérable. Elles se vendent elles-mêmes et gardent généralement pour elles les écus de la dot. Le prix de celle-ci varie suivant les régions, l'âge des femmes et la virginité dont elles peuvent ou non se prévaloir. Elle doit être rendue en cas de divorce.

Conséquence directe du mariage tel qu'il est

pratiqué en Afrique occidentale : on y trouve beaucoup de divorcés, mais pas une vieille fille. Peut-être sous l'influence de notre civilisation européenne, la personnalité morale de la femme finira-t-elle par se dégager. A cette heure, celle-ci ne vaut que comme animal de reproduction et de travail.

La conception mercantile de la famille se retrouve dans la plupart des coutumes successorales. Les femmes, les enfants, les captifs sont considérés comme des biens indivis faisant partie de l'héritage. Celui-ci se transmet généralement en ligne collatérale. Peut-être a-t-on voulu éviter ainsi que les femmes du père revinssent au fils, mais il faut plutôt voir là un reste de la polyandrie primitive qui fait encore durer dans nombre de peuplades la suprématie de la parenté maternelle ou matriarcat. La transmission en ligne collatérale vaut au frère du chef de famille, à l'oncle une grande autorité morale dans le groupe de cases. On ne se demande jamais entre Noirs : « Comment va ton père? Comment va ta mère? » sans ajouter aussitôt : « Comment va ton oncle? » On l'appelle souvent même du nom de père. Ce qui fait que les cousins généralement assez nombreux deviennent des frères et ce qui explique la prodigalité avec laquelle les indigènes traitent leurs voisins de village de « grand » et de « petit frère ». Ajoutons que dans

UN MARIAGE NÈGRE A PORTO-NOVO (DAHOMEY). LA POPULATION DE CETTE VILLE COMPREND UN ASSEZ GRAND NOMBRE DE CATHOLIQUES. — Cliché GUIBERT.

les pays où l'héritage se transmet en ligne directe, le fils hérite quand même de toutes les femmes de son père, sa mère exceptée.

On comprend qu'une société semblable ne peut facilement être soustraite à l'esclavage devenu pour elle une véritable nécessité, une condition expresse d'existence. La richesse, l'activité, la puissance d'une famille est en raison directe du nombre de ses captifs. Sans eux, tout au moins avant les progrès réalisés par les Blancs, ni production, ni organisation, ni ordre. Certes, la guerre a dû être au continent noir une des causes d'esclavage les plus fécondes, mais je crois que celui-ci tient avant tout à d'impérieuses raisons économiques. On peut s'en rendre aisément compte aujourd'hui que la disparition de leurs captifs a ruiné plusieurs Noirs autrefois riches. En Haute-Guinée notamment, de nombreuses terres cultivées ont été abandonnées. On a pu également assister à un fait étrange dans plusieurs de ces villages de liberté que l'Administration française a ouverts aux anciens captifs libérés par elle et qui n'ont, d'ailleurs, donné que d'assez piteux résultats. Aux questions de fonctionnaires leur demandant s'ils étaient satisfaits de leurs cultures, les habitants ont répondu qu'il ne leur manquait qu'une chose : des captifs pour travailler dans leurs lougans.

Certes, nous ne pouvions laisser subsister en

terre française l'odieuse traite des esclaves autrefois alimentée par les guerres intestines, les rezzous et le commerce maritime du bois d'ébène. En février 1901, des circulaires édictaient des mesures de police très rigoureuses contre le commerce de traite et portaient refus absolu de reconnaître l'existence de l'état de captivité. Il en résulta une perturbation profonde dans la prospérité et l'ordre de plusieurs régions agricoles. Les habitants de plusieurs centres, notamment ceux de Bandiagara, firent valoir avec raison qu'ils ne s'étaient soumis aux colonnes conquérantes qu'à la condition expresse de conserver leurs captifs. Chez les Markas, on prit les armes pour contraindre ceux que nous libérions à demeurer. Dès lors, sans revenir expressément sur ce qu'elle avait fait, l'Administration établit une distinction qui s'imposait. Dans ses mesures d'abolition générale, elle sépara le captif de traite du captif de case.

Ce dernier est éminemment propre à montrer à quel minimum inévitable de besoins correspond l'esclavage en Afrique occidentale. Il fait essentiellement partie de la case et de la famille au milieu de laquelle il est né. C'est un serviteur fidèle et attaché auquel le maître tient, qu'il ne vend pas et qu'il traite avec certains égards. Il jouit de beaucoup plus de considération que les castes inférieures : griots, forgerons et cordonniers. On le consulte dans les affaires de famille. A. 'occasion il prend en l'absence du maître la direction de la maison. On lui reconnaît partout des droits et des libertés. Ainsi il peut disposer pour son compte de certaines heures de la journée, de certains jours de la semaine. Presque partout il a son bien propre, son lougan à lui. A Kayes, il ne doit au maître que la moitié de son temps et la moitié de ses récoltes. Chez les Peuhls, sous le nom de *rimaïbé*, il cultive un bien foncier qui lui appartient, qui suit sa fortune et se transmet en même temps que lui, moyennant le paiement à son maître d'un impôt appelé *mourgou*. Chez les Djennenkés, les captifs ne sont occupés que quelques jours par semaine au travail des champs. Les femmes se rendent entièrement libres par le paiement d'une contribution quotidienne de 80 cauris, soit environ 8 centimes. Ce sont les actives et vaillantes *gabibis* qui vont vendre du sel jusqu'à Tombouctou et qui portent un vêtement masculin, le *dloki*, d'où pour les Noirs de l'Ouest un éternel sujet de moquerie.

Au fond, le captif de case est plus un serf qu'un esclave. Il fait partie intégrante de la famille, de la société et du régime de la terre en Afrique occidentale. Vouloir le supprimer eût été une faute et une impossibilité. Il n'y a qu'à le laisser subsister jusqu'à ce que s'éteignent là-bas les derniers vestiges de l'esclavage et que les conditions de la vie économique actuelle fassent place à celle que nous amenons avec nous. Le captif de case reste donc toléré, sans que toutefois nous garantissions sa possession à son propriétaire. D'ailleurs, il ne réclame que rarement sa liberté. En a-t-il le sens précis? C'est bien douteux. Il n'y attache, en tout cas, aucune idée de fierté. J'ai souvent parlé aux Noirs de la joie qu'ils devaient éprouver à ne plus courir le risque d'être à chaque instant réduits en captivité. Presque toujours, ils hochaient la tête d'un air de doute et me répondaient : « Oui, mais aussi moi y en a plus pouvoir faire les autres captifs. » Pour eux, la seule prospérité désirable comme la seule véritable liberté sociale, c'était la propriété. Et l'homme est resté chez eux depuis des siècles la propriété par excellence.

Faut-il compter sur un progrès de la société noire? Certes, mais son éducation ne se fera que peu à peu, au contact de notre civilisation et de nos exemples, sans que nous ayons à user d'autorité, sans que nous cherchions à lui imposer notre morale, notre conception de la vie et nos méthodes. L'indigène verra de lui-même ce qu'il doit en prendre et son évolution s'exécutera par la force des choses, comme l'évolution économique des terres fertiles qu'il habite. Soyons avant tout pour lui un guide. Et c'est ici que doit se poser une question : Le Noir nous aime-t-il? La réponse est difficile. D'abord, parce que le nègre est un être superficiel chez qui les sentiments d'affection sont frêles et changeants. Et puis, nous sommes si loin, si différents de lui! Ce qui est certain, c'est qu'il montre avec nous sa bienveillance et son enjouement naturels, qu'il se rend compte de notre supériorité sans en éprouver de haine et qu'elle lui inspire, au contraire, une sorte de tranquille admiration. Celle-ci est assez justement exprimée par la phrase dont il salue invariablement nos inventions et nos travaux : *Y en a manière toubab* (Blanc).

Et puis, il a le respect de la force et de la valeur militaire. Il se souvient des rudes combats de la conquête. Il sait que de tous les peuples qui se sont installés en Afrique occidentale, Anglais, Allemands, Portugais, Belges, nous sommes celui qui a versé le plus de sang sur les champs de bataille de la brousse. C'est nous aussi qui avons abattu son épouvantail héroïque, son Achille exterminateur et pillard. Dans les villages de Guinée, les griots saluaient régulièrement mon arrivée d'une complainte dont le refrain chantait : « Les Français sont de bons garçons, les Français sont des braves! Ce sont eux qui ont vaincu Samory! »

Aussi faut-il espérer beaucoup de cet immense empire africain qui s'étend si près de la France, vieille terre mystérieuse des invasions, des rezzous, de l'esclavage et de la mort, devenue en si peu de temps une magnifique et pacifique arène offerte à l'initiative de ce génie latin auquel on a si souvent refusé la qualité colonisatrice. Nourrie par l'effort commun, fortifiée par les sacrifices et les dévouements, grandie par des souvenirs glorieux, mais aussi accueillante, souriante et belle dans sa fraîche parure verdoyante, une patrie tropicale a pris racine là, s'est développée là et s'y est formé une personnalité, un caractère, une âme. Le Noir arraché à ses ténèbres, sollicité par plus de besoins, hanté par des désirs moins bas, y aidera le Blanc de ses efforts et saura profiter de ses exemples. Déjà, nous assistons à la rénovation de ces régions incultes et barbares. Qui sait si dans un demi-siècle, notre pays ne puisera pas à son tour une jeunesse et une énergie nouvelles au milieu de ces pâturages, de ces forêts, de ces plaines qui sont à la fois une admirable terre d'expansion, un grenier d'abondance et un réservoir d'hommes ?

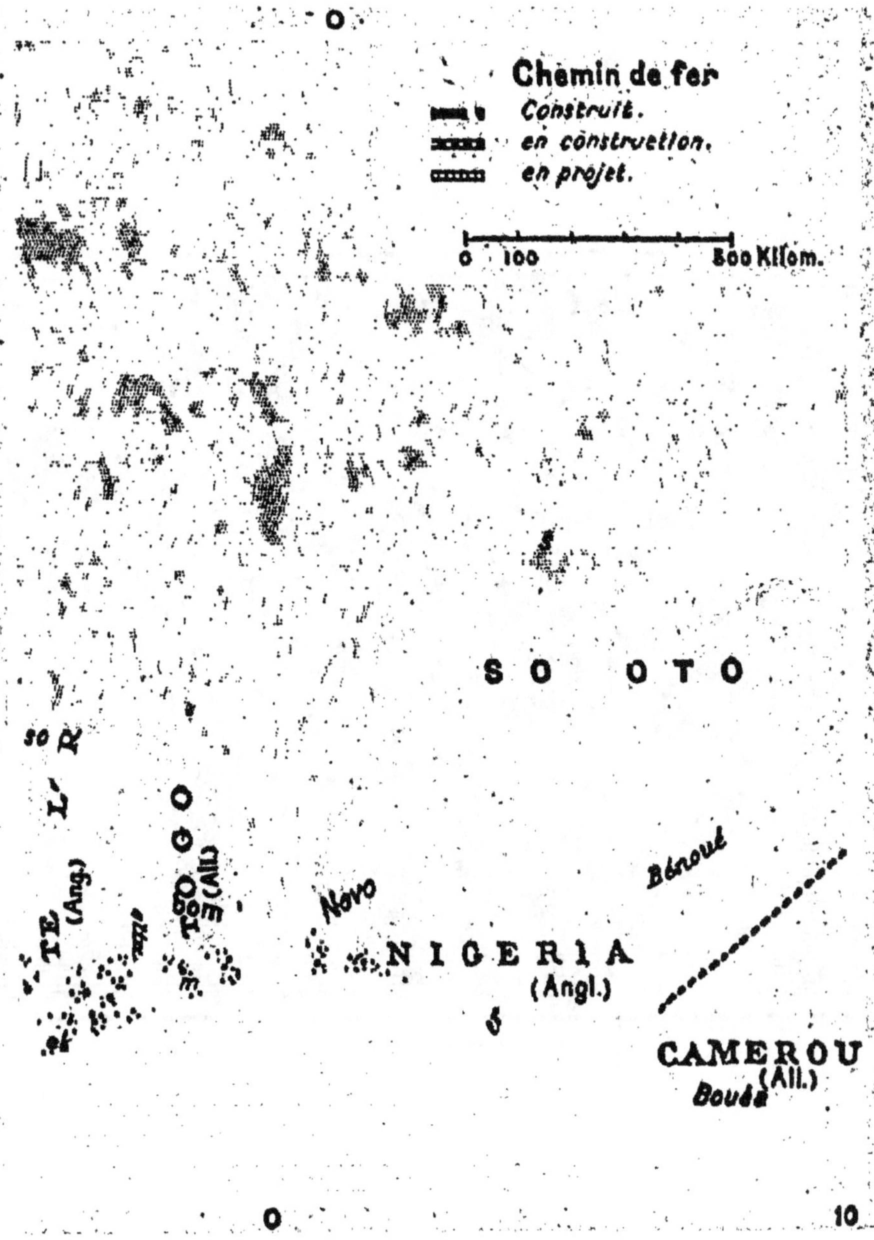

Chemin de fer
Construit.
en construction.
en projet.
0 100   500 Kilom.
SO OTO
so R
TE (Ang.)
TOGO (All.)
Novo
Bénoué
NIGERIA
(Angl.)
CAMEROU (All.)
Bouéa
IDENTALE FRANÇAISE.
10

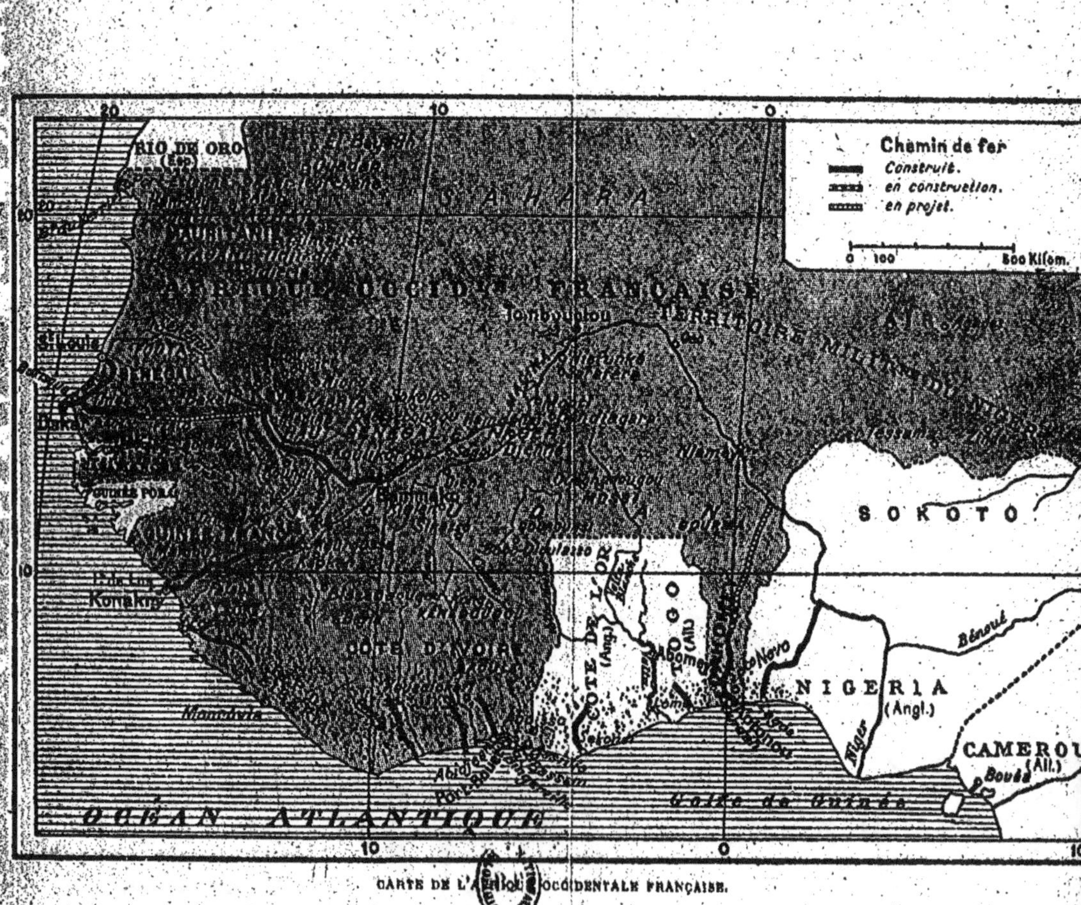
RIO DE ORO
(Esp.)
SAHARA
AFRIQUE OCCIDENTALE FRANÇAISE
TERRITOIRE MILITAIRE DU NIGER
Tombouctou
SOKOTO
COTE D'IVOIRE
NIGERIA
(Angl.)
CAMEROUN
(All.)
Monrovia
Konakry
Abidjan
Bénoué
Niger
Golfe de Guinée
OCÉAN ATLANTIQUE
Chemin de fer
Construit.
en construction.
en projet.
0   100   500 Kilom.
20
10
0
CARTE DE L'AFRIQUE OCCIDENTALE FRANÇAISE.

TABLE DES GRAVURES

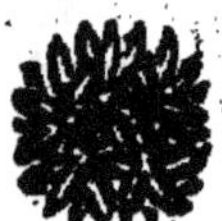

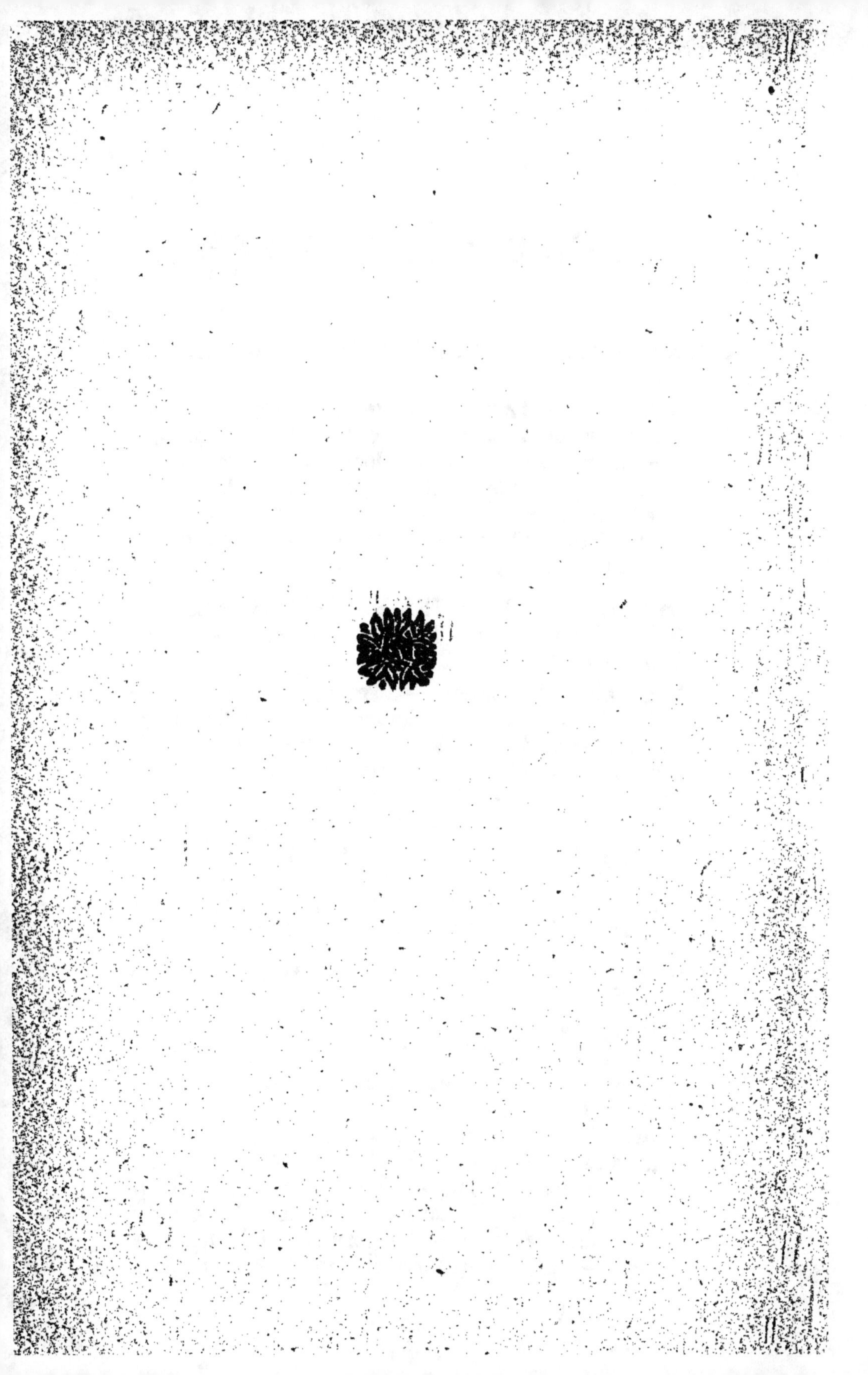

TABLE DES MATIÈRES

TABLE DES MATIÈRES.

Imprimerie F. SCHMIDT, Paris-Montrouge.